Clever lernen

Clever lernen

Stefanie Rietzler, Fabian Grolimund

Stefanie Rietzler
Fabian Grolimund

Clever lernen

2., aktualisierte Auflage

hogrefe

Stefanie Rietzler
Fabian Grolimund
Akademie für Lerncoaching
Albulastrasse 57
8048 Zürich
Schweiz
stefaniemaria.rietzler@gmail.com
fabian.grolimund@gmail.com

Bibliografische Information der Deutschen Nationalbibliothek
Die Deutsche Nationalbibliothek verzeichnet diese Publikation in der Deutschen Nationalbibliografie; detaillierte bibliografische Daten sind im Internet über http://www.dnb.de abrufbar.

Verantwortliche Person in der EU: Hogrefe Verlag GmbH & Co. KG, Merkelstraße 3,
37085 Göttingen, info@hogrefe.de

Anregungen und Zuschriften bitte an den Hersteller:
Hogrefe AG
Lektorat Psychologie
Länggass-Strasse 76
3012 Bern
Schweiz
Tel. +41 31 300 45 00
info@hogrefe.ch
www.hogrefe.ch

Lektorat: Dr. Susanne Lauri
Herstellung: Daniel Berger
Umschlagabbildung: Illustrationen: Marcus Wilke, Berlin/Autorenfotos: Franziska Messner, Arbon
Umschlag: Claude Borer, Riehen
Illustrationen (Innenteil): Marcus Wilke, Berlin, www.galerie-wilke.de
Satz: punktgenau GmbH, Bühl
Druck und buchbinderische Verarbeitung: Finidr s.r.o., Český Těšín
Printed in Czech Republic
Auf säurefreiem Papier gedruckt

1. Nachdruck 2026 der 2., aktualisierten Auflage 2024

(E-Book-ISBN_PDF 978-3-456-96343-3)
(E-Book-ISBN_EPUB 978-3-456-76343-9)
ISBN 978-3-456-86343-6
https://doi.org/10.1024/86343-000

Für meine liebe Freundin Nadja: Du bereicherst das Leben so vieler Menschen durch dein wundervolles Wesen – und meines ganz besonders. Danke für deine Freundschaft, die mein Herz seit Jahren zum Tanzen bringt, und dafür, dass ich dir alles sagen kann und doch oft gar nichts sagen muss, weil wir uns ohne Worte verstehen.

Stefanie Rietzler

Für meine ehemalige Deutschlehrerin Ilse Ruch, ohne die ich vielleicht nie ein Buch geschrieben hätte.

Fabian Grolimund

Inhaltsverzeichnis

Hallo!

Wir freuen uns, dass du unser Buch aufgeschlagen hast. Bevor du loslegst, möchten wir deine wichtigste Frage beantworten:

Ich habe dieses Buch geschenkt bekommen. Soll ich wirklich meine Freizeit opfern, um es zu lesen?

Das ist eine gute Frage! Deine Zeit ist wertvoll, und du solltest sie nicht mit irgendeinem Quatsch verplempern. Lies dieses Buch nur, wenn du einigen der folgenden Aussagen zustimmst:

Ich möchte, dass

- ich meine Hausaufgaben schneller erledigen kann,
- mir das Lernen leichter fällt,
- ich Prüfungen entspannter angehen kann,
- meine Eltern mich nicht ständig mit den Hausaufgaben nerven,
- ich bessere Noten schreibe,
- mir das Lernen mehr Spaß macht,
- ich mehr Freizeit habe.

Dieses Buch wird dir genau bei diesen Dingen helfen. Das glaubst du nicht? Dann lass dich einfach überraschen!

Wir möchten dir zwei Dinge schenken: Freude am Lernen und mehr Freizeit. Gemeinsam werden wir herausfinden, wie du das Lernen abwechslungsreicher und interessanter gestalten kannst. Aber keine Sorge – wir wollen dich nicht in einen Streber verwandeln. Du sollst nicht den ganzen Tag mit Schule und Hausaufgaben verbringen! Ganz im Gegenteil. Wir schaufeln dir sogar Zeit frei: für einen Stadtbummel mit einer Freundin oder zum Zocken mit einem Kumpel. Wie? Indem wir dein Gehirn ankurbeln, damit es lieber, schneller und besser arbeitet. So vergeht die Zeit beim Lernen wie im Flug! Du bist zügiger fertig und kannst ganz entspannt deinen Hobbys nachgehen.

Dieses Buch verrät dir, wie du dein Gehirn clever benutzen kannst. Es versorgt dich mit Tricks von Gedächtniskünstlerinnen und Lernprofis. Genauer gesagt wirst du erfahren, wie du mit weniger Aufwand gute Noten schreibst. Und wir köcheln ein Geheimrezept gegen ätzende Lehrkräfte und Hassfächer.

Gleichzeitig ist dieses Buch ein Schutzschild gegen nervige Eltern. Stressen dich deine Eltern mit Ermahnungen wie: „Hast du die Hausaufgaben schon gemacht?“, „Denk dran, du hast nächste Woche zwei Prüfungen. Wäre es nicht langsam Zeit, mit dem Lernen anzufangen?“ Malen sie bei einer ungenügenden Note gleich den Teufel an die Wand und reden davon, dass du ohne gutes Zeugnis später keinen Job findest und im aufblasbaren Hühnerkostüm in der Fußgängerzone Werbung verteilen musst? Dann solltest du dieses Buch zu Hause immer ganz auffällig mit dir herumtragen. Lies vor den Augen deiner Eltern darin und nicke ab und zu, während du vor dich hinmurmelst: „Ah, eine gute Strategie. Das muss ich ausprobieren!" So haben sie das Gefühl, dass du alles im Griff hast, und lassen dich eher in Ruhe.

Bist du bereit? Dann los!

Hol dir das Beste aus diesem Buch heraus

Dieses Buch ist für dich. Du darfst völlig frei entscheiden, wie du es nutzen möchtest. Wir freuen uns natürlich, wenn du es von Anfang bis Ende durchliest. Du darfst dich aber auch fragen, was dich am meisten interessiert oder für welches Fach du jetzt sofort ein paar Tipps brauchst. Wirf einen Blick ins Inhaltsverzeichnis, und hüpfe gleich zu deinem Lieblingskapitel.

Allerdings (stelle dir hier bitte unseren erhobenen Zeigefinger vor): Wenn du wirklich willst, dass dir das Lernen leichter fällt, du bessere Noten schreibst und mehr Freizeit hast, musst du die Tipps ausprobieren.

Nimm dir Zeit, um mit den Lernstrategien zu experimentieren. Du kannst dich nach jedem Experiment fragen: Passt das zu mir? Kann ich damit wirklich besser lernen?

Manchmal wirst du überrascht sein, weil du beim Lesen dachtest: „Das bringt doch nichts!", und dann feststellst, wie viel schneller du dir alles merken kannst. Andere Tipps, die du zunächst interessant findest, sind vielleicht weniger hilfreich, als du gedacht hast.

Überlege dir jetzt gleich, wo du starten möchtest.

Wenn du mehr darüber wissen willst, wie dein Gehirn funktioniert und wie du ihm dabei helfen kannst, sich Dinge ruckzuck einzuprägen, kannst du einfach weiterlesen. Wenn ein bestimmtes Fach dich stresst, blättere jetzt zum Inhaltsverzeichnis und packe das Problem gleich an.

Du kannst dich einfach nicht zum Lernen motivieren oder schlägst dich mit Prüfungsängsten herum? Dann findest du im letzten Teil des Buchs ab Seite 181 viele Tipps und Tricks.

Falls du denkst: „Ich habe gar keine Zeit für dieses Buch! Ich habe momentan so viele Prüfungen!" – dann lies zuerst das Kapitel „Mit wenig Aufwand viel erreichen: Lande bei der Prüfung einen Volltreffer" ab Seite 57 und erfahre, wie du weniger, dafür aber genau das Richtige lernst.

Lass dir nicht vorschreiben, wo du am besten lernst

Wie bist du zu deinem Lernort gekommen? Ging es dir vielleicht ähnlich wie Miriam, deren Eltern eifrig mitgemischt haben?

Miriams Eltern war für ihre Tochter nur das Beste gut genug. Ausgerüstet mit Ratgebern und einem Fachmagazin tingelte die Familie während der Sommerferien in ein Möbelhaus. Die Mission: den perfekten Arbeitsplatz für ihre Tochter einrichten. Dort angekommen, fachsimpelten die Eltern mit dem Personal über die richtige Schreibtischhöhe und suchten nach der Tischlampe mit dem optimalen Lichtkegel: „Nicht, dass sie sich die Augen verdirbt!"

Als Miriam in die Bettenabteilung abhauen wollte, um sich ein wenig hinzulegen, pfiff ihr Vater sie zurück: „Wo willst du hin, Fräulein? Wir sind schließlich deinetwegen hier. Jetzt kommt doch noch das Wichtigste: der Stuhl."

„Wie schwer kann es denn sein, einen Bürostuhl auszusuchen?", dachte Miriam und trottete ihren Eltern hinterher. Gerade als sie den perfekten, ultragemütlichen Chefsessel erspäht und sich mit den Worten „Den nehmen wir" lässig reingelümmelt hatte, meinte die Mutter: „Schau mal, wie du da drinhängst. Das kann nicht gut sein für die Wirbelsäule." Der Vater pflichtete ihr bei: „Das ist doch keine Arbeitshaltung. Der Stuhl dient zum Arbeiten, nicht zum Rumhängen.“ Wie sich an diesem langen, qualvollen Nachmittag herausstellte, waren das nur zwei von circa 35 Kriterien, die ein Schreibtischstuhl für Miriams Eltern erfüllen musste.

In der Zwischenzeit hat Miriams Büroausstattung schon einige Jahre auf dem Buckel. Sie sieht aber noch aus wie neu, und ihre Eltern löchern sie nur noch selten mit der Frage: „Warum nutzt du eigentlich nicht deinen Arbeitsplatz? Wir haben den doch so mühevoll eingerichtet!“

Wenn Miriam sich nämlich an ihren „perfekten" Arbeitsplatz setzt, schläft ihr das Gesicht ein. Sie wird müde, bekommt schlechte Laune und rutscht unruhig auf ihrem wirbelsäulenfreundlichen Bürostuhl herum.

Wenn sie am Küchentisch lernt, fühlt sie sich frischer, wacher und aufnahmefähiger. Sie genießt es, dass sie nicht so alleine ist wie in ihrem Zimmer.

Wie ist das bei dir?

Damit du beim Lernen gut vorankommst, musst du dich an deinem Arbeitsplatz wohlfühlen. Achte darauf, was mit deinem Energie-Level passiert, wenn du dich an deinen gewohnten Platz setzt und mit der Arbeit beginnst.

Einige Menschen ziehen sich zum Lernen gerne zurück. Sie benötigen eine ruhige Nische, um sich konzentrieren zu können. Jede Art von Geräuschen und Unterbrechungen reißt sie aus ihrem Arbeitsfluss und ärgert sie. Falls du zu diesem Typ gehörst, findest du dich vielleicht in den folgenden Aussagen wieder:

- „Müsst ihr immer so laut sein? Ich will hier einfach in Ruhe lernen!"
- „Wenn ich mich konzentrieren muss, lenkt mich Musik im Hintergrund total ab."
- „Was latscht ihr andauernd in mein Zimmer? Ich bin hier an den Hausaufgaben, und ihr bringt mich voll raus!"

Ich, Stefanie, gehöre zu diesen Menschen. Wenn ich mich konzentrieren möchte, dann habe ich die Wohnung am liebsten ganz für mich alleine. Eine Kuscheldecke, ein dampfender Kaffee und Ruhe ist alles, was ich für eine gute Arbeits-Session brauche.

Anderen macht die Stille eher zu schaffen: Wenn man sie zum Lernen oder für die Hausaufgaben in ihr Zimmer schickt, fühlen sie sich eingesperrt. Im stillen Kämmerlein werden sie unruhig und nervös. Sie haben ständig den Drang, aufzustehen und sich abzulenken. Beobachtet man solche Exemplare, erwischt man sie oft dabei, wie sie total doofe Sachen machen – einfach um sich zu beschäftigen: Sie laufen fünfmal zum Kühlschrank, machen auf, gucken rein und schlagen ihn wieder zu (ohne sich etwas rauszunehmen). Sie kontrollieren zwanghaft alle drei Minuten ihr Handy in der Hoffnung, dass irgendeine Nachricht angekommen ist. Sie wirken von außen wie Zirkustiere, die in ihren viel zu engen Käfigen hin und her tigern.

Ich, Fabian, bin genau so. Das wollte ich nur lange nicht einsehen. Nach dem Studium habe ich mir sogar ein Büro gemietet und hübsch eingerichtet, nur um dann die ganze Zeit unten in der Cafeteria des Gebäudes zu arbeiten. Dort konnte ich mich einfach besser konzentrieren. Im ruhigen Büro habe ich ständig aus dem Fenster geschaut und wurde so lahm, dass ich gegen das Einschlafen ankämpfen musste.

Nimm dir eine Woche Zeit und teste verschiedene Lernorte: dein Zimmer, die Küche, das Wohnzimmer, eine Bank im Garten oder im Park, die Schulbibliothek oder die Mensa der Schule.

Damit du den Überblick behältst, kannst du die folgende Tabelle ausfüllen.

Überlege dir für jeden Lernort: Wie wohl habe ich mich gefühlt? Wie gut konnte ich mich konzentrieren? Kreuze an:

Diesen Lernort habe ich getestet:	So wohl habe ich mich dort gefühlt:	So gut konnte ich mich konzentrieren:
______	☐ ☐ ☐ ☐ ☐	☐ ☐ ☐ ☐ ☐
______	☐ ☐ ☐ ☐ ☐	☐ ☐ ☐ ☐ ☐
______	☐ ☐ ☐ ☐ ☐	☐ ☐ ☐ ☐ ☐
______	☐ ☐ ☐ ☐ ☐	☐ ☐ ☐ ☐ ☐

Meine zwei Premium-Lernorte sind:

„Jetzt schalt die Musik aus!"

Die meisten Eltern sind überzeugt, dass man sich mit Musik doch überhaupt nicht konzentrieren kann. Das stimmt nicht ganz. Ob Musik dich stört oder dir beim Lernen sogar hilft, ist eine Typfrage! Darüber wurden sogar wissenschaftliche Studien durchgeführt.[1] Man glaubt es kaum: Gerade die Schüler/innen, die normalerweise Schwierigkeiten mit der Konzentration haben, konnten mit Musik besser lernen. Es lohnt sich also, mal auszuprobieren, was beim Lernen mit Musik passiert.

Schauen wir uns dazu ein paar Beispiele von Jugendlichen an, die genau das versucht haben:

- Mia (15) meint: „Früher durfte ich bei den Hausaufgaben nie Musik hören. Jetzt ist das anders. Am liebsten schalte ich Instrumentalmusik ein und lasse sie leise im Hintergrund laufen. Das hilft mir."

---

1 Martin-Moratinos, Bella-Fernández & Blasco-Fontecilla, 2023; Madjar, Gazoli, Manor & Shoval, 2020; Abikoff, Courtney, Szeibel & Koplewicz, 1996; Hallam, Price & Katsarou, 2002.

- Liam (14) erzählt: „Ich lasse mich beim Musikhören gerne von der Zufallswiedergabe überraschen und finde es spannend, dabei neue Lieder zu entdecken. Beim Lernen störte das aber, weil ich immer umschalten musste, wenn ein Lied kam, das mich nervt. Jetzt habe ich mir eine Playlist zusammengestellt. Das Witzige ist, dass ich von der Musik nach zwei bis drei Liedern überhaupt nichts mehr mitkriege."
- Emma (16) stellt fest: „Gerade die Lieder und Bands, die ich am liebsten höre, lenken mich total ab. Ich will mitsingen und konzentriere mich auf den Songtext. Das ist eher hinderlich, wenn ich etwas für die Schule machen muss. Musik beim Lernen ist, glaub ich, nicht so mein Ding."

Die folgenden Punkte scheinen für die meisten Jugendlichen wichtig zu sein:

- Texte in der Muttersprache lenken eher ab und laden zum Mitsingen ein. Das stört die Konzentration.
- Du hast die richtige Musik gefunden, wenn du sie nach ein paar Minuten automatisch ausblendest und gar nicht mehr bewusst wahrnimmst.
- Die Lautstärke sollte nicht zu hoch sein – sonst hast du das Gefühl, deine eigenen Gedanken nicht mehr „hören" zu können.
- Eine Lern-Playlist anzulegen und immer die gleiche Musik zu hören, kann dir in die richtige Stimmung verhelfen. Dein Gehirn checkt mit der Zeit: Wenn ich diese Musik höre, beginne ich zu arbeiten.

Sei ehrlich zu dir selbst: Musik beim Lernen ist nicht für alle hilfreich. Viele fühlen sich zwar besser, kommen aber schlechter voran.

Wie ist das bei dir? Welche Erfahrungen hast du gemacht? Weißt du bereits, ob und welche Musik dir hilft? Falls nicht: Nimm dir eine Woche Zeit, um mit unterschiedlichen Songs zu experimentieren, und schreibe dann deine persönlichen Vor- und Nachteile auf:

Wenn ich beim Lernen Musik höre, dann

- ______________________________
- ______________________________
- ______________________________
- ______________________________

Falls du gute Erfahrungen machst, erstellst du am besten gleich deine persönliche Hausaufgaben-Playlist. Vielleicht bestätigt dir dieses Experiment auch, dass du Ruhe brauchst. Dann such dir einen Ort, wo du ungestört bist, und nutze vielleicht sogar Ohrstöpsel, um lärmende Geschwister auszublenden.

Wir haben zu diesen Tipps ein kurzes Video erstellt. Du findest es auf:
www.mein-clever-lernen.com

Mach dir das Lernen nicht unnötig schwer

Du darfst schon mal die Augen verdrehen und stöhnen, jetzt kommt, was du nicht hören willst.

Dein Handy lenkt dich ab.

Wir wissen: Du brauchst das, um dich im Klassenchat über die Hausaufgaben zu informieren und im Internet Informationen zu suchen. Alles Blödsinn. Das glauben dir vielleicht deine Eltern – aber wir nicht.

Und du?

Schätze spontan, in wie vielen Fällen dir Handy und Internet dabei helfen, rascher mit den Hausaufgaben oder dem Lernen fertig zu werden:

So oft hilft mir mein Handy und der Chat wirklich beim Lernen:

nie	manchmal	oft	immer
☐	☐	☐	☐

So oft lasse ich mich dazu verführen, mich auf Social Media rumzutreiben, Fail-Videos zu gucken, Bilder und Nachrichten zu checken oder meine Mitschüler/innen auszuspionieren:

nie	manchmal	oft	immer
☐	☐	☐	☐

Jedes Mal, wenn du eine Nachricht liest oder dich im Internet herumtreibst, kostet es dich unnötig Energie, dich wieder von deinem Gerät loszureißen. Außerdem benötigst du nach jedem kurzen Blick auf dein Smartphone oder Tablet mehrere Minuten, bis du dich wieder voll auf das Lernen konzentrieren kannst.

Hättest du gerne mehr Freizeit? Und würdest du beim Lernen gerne zackiger vorankommen? Dann möchten wir dich zu einem kleinen Experiment einladen:

1. Schalte dein Handy an drei Tagen ganz bewusst aus, bevor du dich auf eine Prüfung vorbereitest oder die

Hausaufgaben erledigst. (Falls du ihn noch nie benutzt hast: Der Ausschaltknopf der Handys befindet sich meist an der Seite.)

2. Leg los und arbeite dreißig Minuten ohne Unterbrechung.
3. Frage dich dann, wie weit du gekommen bist und wie sich das Lernen ohne Handy-Begleitung angefühlt hat.

Vielleicht stellst du bei diesem Versuch fest, dass du schon ziemlich abhängig von deinem Smartphone bist und dich sogar unwohl fühlst, wenn du es für eine halbe Stunde ausschaltest.

Zumindest mir, Fabian, geht es so. Wenn ich mein Handy ausschalte, wandert meine Hand nach spätestens fünf Minuten wie ferngesteuert in meine Hosentasche, um dieses Ding hervorzunehmen und kurz draufzuschauen. Dann denke ich: „Ah, ich habe es ja ausgeschaltet" – um ein paar Minuten später den gleichen Vorgang zu wiederholen. Wie armselig. Wir hoffen, du hast das besser im Griff.

Vielleicht fällt dir nach den drei Experimentier-Tagen auf, dass du durch das Abschalten des Handys beim Lernen mehr echte Freizeit dazugewinnst und dir auch die Hausaufgaben leichter von der Hand gehen.

„Aber ich brauche den Klassenchat! Wirklich!“

Wenn es wirklich, wirklich nicht anders geht (wirklich nicht?), dann lass dich wenigstens nicht alle zwei Minuten von Nachrichten ablenken. Lerne 45 Minuten ohne Handy, und gehe danach für 15 Minuten in den Klassenchat, um dir die wichtigsten Infos zu holen.

Doch, Mama, ich brauche den Klassenchat für die Hausaufgaben!

Gedächtnistricks: Bringe dein Gehirn auf Hochtouren

In diesem Kapitel lernst du dein Gehirn kennen. Du erfährst, wie dein Gehirn funktioniert und mit welchen Tricks du es zu Höchstleistungen antreiben kannst. Bevor wir damit loslegen, bringen wir es ein wenig in Schwung. Hast du Lust auf ein kleines Experiment? Dann versuche doch, den folgenden Text zu entziffern:

Usner Gherin ist wilkrich slchau. Dmait wir enien Txet vertsheen, reihct es, wnen der estre und leztte Bstbcuhae rihcitg sind, und treotzdm knan man den Text ncoh fsat onhe Poermble lseen.[2]

Wie du siehst, ist dein Gehirn zu unglaublichen Leistungen fähig. Es kann einen Text sogar dann entziffern, wenn die Buchstaben total verdreht sind.

Leider ist dein Gehirn nicht nur unheimlich leistungsfähig, sondern auch ziemlich eigensinnig. Es merkt sich problemlos die unsinnigsten Dialoge aus deiner Lieblingsserie. Wenn du ihm aber den Stoff für den nächsten Französischtest einprügeln möchtest, wird es bockig und lässt dich hängen. Das muss nicht sein! Sei einfach lieb zu deinem Gehirn, lerne seine Macken

---

2 Lösung: Unser Gehirn ist wirklich schlau. Damit wir einen Text verstehen, reicht es, wenn der erste und letzte Buchstabe richtig sind, und trotzdem kann man den Text noch fast ohne Probleme lesen. Übrigens: Diese Erkenntnis geht zurück auf eine alte Studie von Graham Rawlinson aus dem Jahr 1976.

kennen, und werdet gemeinsam zum Gewinnerteam! Bereit? Dann los!

Dein Gehirn sieht von außen ähnlich aus wie ein Walnusskern und fühlt sich an wie ein hart gekochtes Ei. Bei Erwachsenen wird dieses Ding ganze 1,4 Kilogramm schwer. Betrachten wir das gute Stück einmal von verschiedenen Seiten:

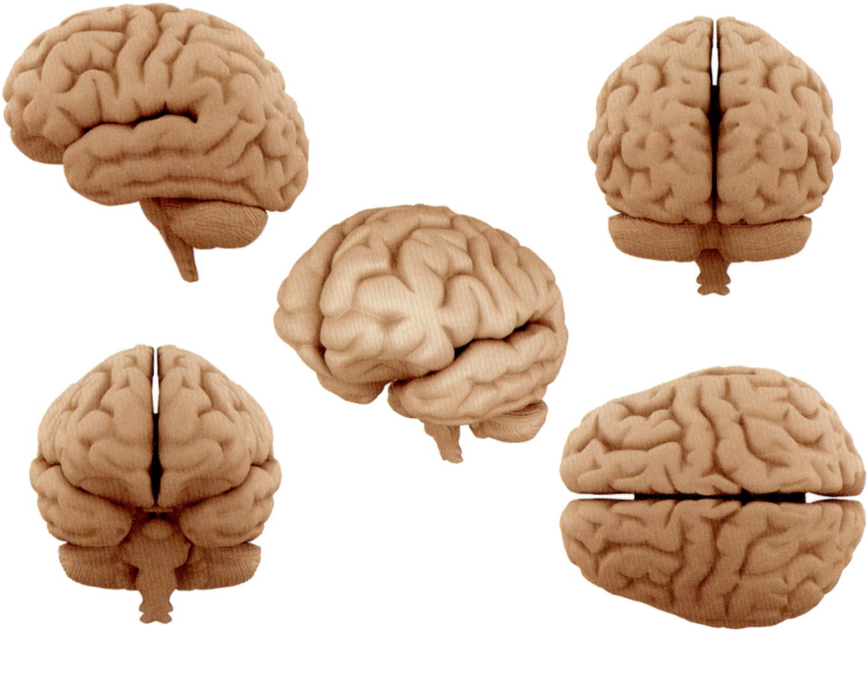

Dein Gehirn besteht aus über hundert Milliarden sogenannter Nervenzellen, auch „Neuronen" genannt. Diese Nervenzellen sind miteinander verbunden, ganz ähnlich wie ein dichtes Fischernetz. Das folgende Bild zeigt dir eine einzelne Nervenzelle:

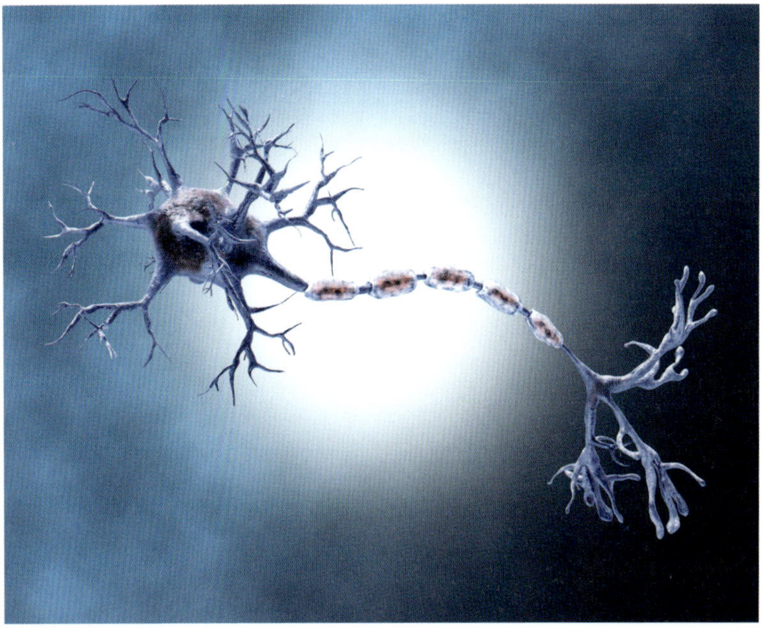

Jede einzelne Nervenzelle kann wie ein Lichtschalter an- oder ausgeschaltet sein. Würden wir in dieser Sekunde in dein Gehirn hineinschauen, könnte man ein ganz bestimmtes Muster sehen. Manche Gruppen von Nervenzellen, sogenannte Netzwerke, blinken auf, und andere bleiben stumm. Und jetzt wird es spannend. Könntest du dich morgen ganz genau an diese Sekunde erinnern, würde man in deinem Kopf wieder das gleiche Muster sehen. Das heißt: Bestimmte Muster von aktiven Nervenzellen stehen für ganz bestimmte Erinnerungen. Für alles, an das du dich erinnern kannst, holt dein Gehirn das passende Muster hervor. Ganz egal, ob es die Melodie deines Lieblingslieds, das Bild von deinem letzten Geburtstagskuchen, der Geruch von frisch gemähtem Gras, eine Rechnung aus dem Einmaleins oder eine Englisch-Vokabel ist.

Man kann das Gehirn sogar dazu bringen, an bestimmte Dinge zu denken, indem man ihm einen kleinen Stromschlag verpasst. Achtung: Der folgende Abschnitt ist nichts für schwache Nerven – wenn du dich leicht ekelst, überspringe ihn einfach.

Ein Blick ins Gehirn

Der Chirurg Wilder Penfield und sein Team führten von 1928 bis 1947 eine ganze Reihe von Gehirnoperationen an Patientinnen und Patienten mit schweren Krampfanfällen durch[3]. Um genau zu wissen, wo sie durchschneiden dürfen, nahmen sie diesen zuerst die Schädeldecke ab. Dann führten die Forscher ganz feine „Drähte" ins Gehirn ein, durch die man kleine Stromschläge schicken kann. Obwohl die Versuchspersonen währenddessen wach waren, taten ihnen die Stromschläge nicht weh. Diese Stromschläge aktivierten gewisse Netzwerke im Gehirn oder schalteten sie aus. Dadurch dachten, sahen, hörten oder sagten die Menschen ganz bestimmte Dinge oder zuckten mit dem linken Bein. Ein Patient meinte: „Ich sehe einen Stern, der auf meine Nase herunterfällt." Eine andere Patientin dachte, im Operationssaal stünde ein Radio, denn sie hörte plötzlich Musik.

Die Ärzte konnten dadurch feststellen, welche Bereiche des Gehirns für die Bewegung und andere Auf-

3 Penfield & Rasmussen, 1950, zitiert nach Ward, 2019.

gaben zuständig sind. Auf diese Weise stellte das Team sicher, dass bei der Operation keine größeren Schäden entstanden. Man könnte dir also – rein theoretisch – ein paar Drähte ins Gehirn stecken, dir kleine Stromstöße verpassen und dich dadurch den Rasen riechen lassen. Vielleicht wird es mal möglich, Französisch-Vokabeln auf diese Weise zu wiederholen – es wäre aber wahrscheinlich zu teuer und zu eklig.

Wenn Nervenzellen gleichzeitig angeschaltet werden, gehen sie Verbindungen ein. Darüber bilden sich die Erinnerungsnetzwerke:

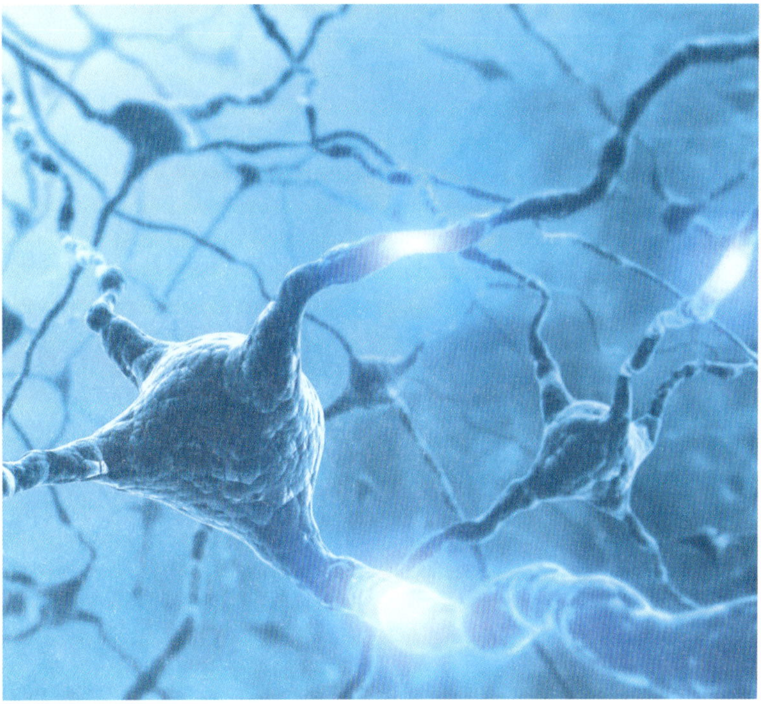

Lernen bedeutet also nichts anderes, als Netzwerke auf- oder umzubauen.

Dein Gehirn baut sich tagtäglich selbst um. Wenn du dieses Buch gelesen hast, hast du ein etwas anderes Gehirn als vorher. Cool, oder?

Je nachdem, was du deinem Gehirn verfütterst und wie du das machst, verändern sich die Netzwerke. Du hast also ein Wörtchen mitzureden bei der Frage, mit was für einem Gehirn du in fünf Jahren rumlaufen willst.

Jetzt hast du eine erste Ahnung davon, wie dein Kopf sich Sachen merkt. Aber wir wollen noch etwas tiefer gehen. Sicher hast du bereits festgestellt, dass sich deine grauen Zellen bestimmte Inhalte sehr gut und andere ziemlich schlecht einprägen können.

Der Überlebenskünstler in deinem Kopf

Unsere Gehirne sind im Laufe von hunderttausenden von Jahren entstanden – lange bevor es Schulen gab. Im Laufe all dieser Zeit hatte das Gehirn die Aufgabe, unser Überleben zu sichern. Es musste lernen, sich möglichst rasch alles zu merken, was mit diesem Ziel verbunden ist.

Dafür hat uns die Natur mit Gefühlen ausgestattet. Die Gefühle weisen das Gehirn darauf hin, was es sich besonders gut einprägen soll. Wenn unsere Vorfahren Nahrung fanden, freuten sie sich, und ihr Gehirn sorgte dafür, dass sie sich noch lange an den Ort erinnern und ihn wiederfinden konnten. Wenn ihnen ein gefährliches Raubtier begegnete, fürchteten sie sich. Ihr Gehirn speicherte blitzschnell alles ab, was mit diesem Tier zu tun hatte: sein Aussehen, seinen Geruch, die Geräusche, die es macht, die Spuren, die es hinterlässt. Mit diesem Wissen gelang es unseren Vorfahren, der Bestie zukünftig aus dem Weg zu gehen oder ihr eine Falle zu stellen. Wenn sie etwas Verfaultes oder Giftiges aßen, ekelten sie sich, und es wurde ihnen übel. Ihr Gehirn sorgte von da an dafür, dass ihnen schon beim Anblick oder Geruch dieser Speise der Ekel wieder hochkam, damit sie die gleiche Dummheit kein zweites Mal machten.

Unser Gehirn funktioniert auch heute noch so. Es merkt sich alles,

- was neu ist,
- was mit Gefühlen verbunden ist und
- was uns persönlich wichtig erscheint.

Vielleicht denkst du: „Ja danke, aber in der Schule muss ich so viel lernen, das mir weder beim Überleben hilft noch irgendwie mit Gefühlen verbunden oder wichtig ist. Sogar wenn mir übel davon wird, kann ich es mir nicht merken."

Damit hast du recht – aber nur teilweise. Wie gut du etwas behalten kannst, hat viel damit zu tun, wie du dein Gehirn bedienst.

Wenn du ihm sagst: „Bah ist das langweilig! Das ist so ätzend! Den Mist brauche ich doch nie wieder!", dann drückst du sozusagen auf den Off-Schalter. Du gibst deinem Gehirn damit das Signal: „Bitte nicht merken – das wäre Energieverschwendung."

Sicher hast du auch schon die Erfahrung gemacht, dass du ewig lange über einem Text brütest und einfach nichts hängenbleibt. Achte einmal darauf, ob das nicht genau dann der Fall ist, wenn du deinem Gehirn einen Abschalt-Befehl gibst wie „Bah, ist das öde" oder „Wozu soll ich mir das merken, das braucht doch kein Mensch".

Wenn es dir hingegen gelingt, deinem Kopf zu verklickern, dass ein Inhalt für dein Leben besonders wichtig ist, baut er gerne Erinnerungsnetzwerke auf. Wir gehen in diesem Buch darauf ein, wie du dabei vorgehen kannst. Aber zuerst möchten wir dir zeigen, zu welchen Leistungen ein menschliches Gehirn fähig ist.

Der Zahlenmagier

Der Brite Daniel Tammet hat unzählige Meisterschaften gewonnen. Er kann komplizierte Rechnungen im Kopf schneller lösen als ein Taschenrechner, und er ist in der Lage, die Zahl π (Pi) bis auf über 22 000 Stellen nach dem Komma aufzusagen. Alleine das Aufsagen dieser Zahlenfolge dauerte über fünf Stunden!

Jetzt fragst du dich vielleicht: Warum um alles in der Welt lernt jemand freiwillig so etwas auswendig?

Aber für Tammet sind Zahlen nicht einfach Zahlen. Er sieht sie als Freunde, Begleiter, Lebenshelfer. Und π liebt er von ganzem Herzen. Er spricht über Zahlen, als wären es Wesen mit einer Persönlichkeit: „Die Vier ist schüchtern und still, die 117 groß und schlaksig, die 87 erinnert mich an fallenden Schnee."[4]

Löst er eine komplizierte Rechenaufgabe, spaziert er in Gedanken durch eine bunte Zahlenlandschaft, überquert einen Fluss aus Farben und Formen.

Für Menschen wie Daniel Tammet sind Zahlen mit starken Gefühlen verbunden. Damit geben sie ihren Gehirnen unbemerkt den Auftrag, sich alles, was damit zu tun hat, ganz genau einzuprägen.

Solange du deinem Gehirn allerdings Abschaltbefehle wie „Mathe ist sowieso voll blöd!" erteilst, brauchst du gar nicht mit dem Lernen anzufangen.

Du kannst den Lernturbo einschalten, indem du deinem Gehirn den Stoff schmackhaft machst. Manchmal reicht es schon, wenn du ihm leise zuflüsterst: „Achtung, das ist wichtig. Das musst du dir unbedingt mer-

4 Nach dem Artikel „Vier ist schüchtern und still" von Melanie Mühl (2007) in der Frankfurter Allgemeinen Zeitung.

ken!" Du kannst dich aber auch fragen: „Was interessiert mich daran? Was bringt es mir, diesen Inhalt zu können? Was hat das, was ich da lernen soll, mit mir zu tun?" Wenn du Antworten auf diese Fragen findest, dann bringst du deine grauen Zellen dazu, das Wissen aufzusaugen.

Wie es dir sogar bei deinem Hassfach gelingen kann, den Schalter in deinem Gehirn auf „Aufsaugen!" zu legen, erfährst du im Kapitel „Keine Motivation? So trickst du den inneren Schweinehund aus!" ab Seite 181.

Das erste Gedächtnisgesetz lautet daher:

Wenn du dir etwas merken möchtest, dann überzeuge dein Gehirn davon, dass dieses Wissen für dich persönlich wichtig und interessant ist.

Das Zahlengedächtnis von Daniel Tammet ist eine Ausnahme. Für die meisten Menschen und deren Gehirne bedeutet es harte Arbeit, sich zum Beispiel Jahreszahlen oder Mathe-Formeln einzuprägen. Nix mit farbiger Zahlenlandschaft und schüchternen Vieren.

Wenn uns der Stoff nicht einfach so zufliegt, müssen wir ihn wiederholen. Aber auch dabei kannst du Frust und Aufwand verringern, wenn du es clever angehst und deinem Gehirn entgegenkommst.

Lass deine Nervenzellen sprießen

Du hast bereits erfahren, dass sich Nervenzellen verbinden, wenn sie gleichzeitig angeschaltet werden. Wenn du etwas lernen musst, das dein Gehirn nur schwer aufnehmen kann, entsteht anfangs nur eine schwache Verbindung. Für dauerhafte Erinnerungen musst du diese Verbindungen durch Training und Wiederholung verstärken.

Nehmen wir an, eine Geschichtsprüfung steht auf dem Plan und du musst dir einige trockene Jahreszahlen in den Kopf pressen. Im Moment schlägst du dich mit dem römischen Machthaber Gaius Julius Cäsar herum. Aus den Lernzielen weißt du, dass du die wichtigsten Etappen seines Lebens mit den dazugehörigen Jahreszahlen kennen solltest. Du möchtest dir nun das Jahr seiner Ermordung 44 vor Christus einprägen. Wenn du an den Tod von Julius Cäsar denkst und gleichzeitig die Zahl „44 vor Christus" liest und dir vorsagst, entstehen in deinem Gehirn erste schwächliche Verbindungen. Netzwerke, die für Cäsars Ermordung stehen, und Netzwerke, die für die Jahreszahl 44 vor Christus stehen, blinken gemeinsam auf und vernetzen sich. Auf dem folgenden Bild siehst du die Knöpfchen, mit denen Nervenzellen Verbindungen eingehen.

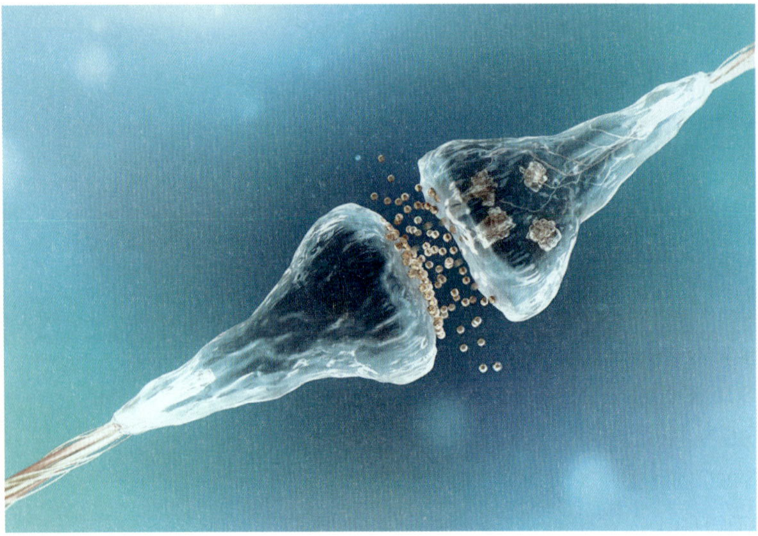

Je häufiger du diesen Zusammenhang wiederholst, desto stärker werden die Verbindungen: Immer mehr von diesen Endknöpfchen vernetzen sich:

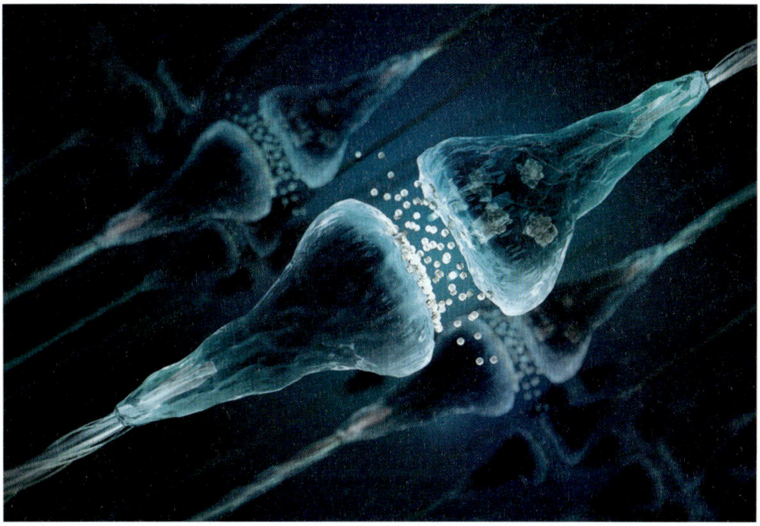

Vielleicht hast du die winzigen Kügelchen bemerkt, die aus den Knöpfchen herausströmen.

Mithilfe dieser Kügelchen können die Nervenzellen in deinem Gehirn Botschaften austauschen. Deshalb nennt man sie auch „Botenstoffe“. Nehmen wir an, du willst dich daran erinnern, wann Julius Cäsar gestorben ist. Jetzt werden kleine Stromschläge durch dein Julius-Cäsar-Netzwerk geschickt. Diese Stromschläge führen dazu, dass die Nervenzellen Botenstoffe ausschütten. Strömen genügend dieser Botenstoffe aus, werden die Nervenzellen angeschaltet, die für die Ermordung und für das Jahr 44 vor Christus stehen, und du kannst dich daran erinnern.

Fassen wir zusammen: Durch Wiederholungen werden Verbindungen in deinem Gehirn dicker, und die Knöpfchen („Synapsen“ genannt) schütten mehr Botenstoffe aus. Deine Nervenzellen können so besser „miteinander reden“. Das Ergebnis: Du kannst dein Wissen länger behalten und besser abrufen.

Stell dir vor, wie beim Lernen in deinem Gehirn neue „Straßen“ entstehen.[5] Am Anfang bahnt sich nur ein schmaler Trampelpfad von „Ermordung des Cäsars“ zur Jahreszahl „44 vor Christus“. Es ist beschwerlich, und du musst angestrengt überlegen: Wann ist der nun wieder gestorben?

Je häufiger du wiederholst – „Ermordung Cäsars: 44 vor Christus, Ermordung Cäsars: 44 vor Christus“ –, desto breiter werden die Straßen in deinem Gehirn. Aus dem Trampelpfad wird durch Wiederholung mit der Zeit eine Autobahn. Und so eine Gehirn-Autobahn hat große Vorteile! Was wir häufig repetiert haben,

- behalten wir länger (eine Autobahn wächst nicht so schnell zu wie ein wuchernder Trampelpfad),
- wissen wir, ohne uns groß anzustrengen (die Autobahn ist viel breiter und glatter, sodass die Infos besser umhersausen können),

5 Diese Metapher wird von vielen Lernexperten genutzt und lässt sich keinem Autor bzw. keiner Autorin eindeutig zuordnen. Sie findet sich beispielsweise in den Büchern von Hüther, 2016, Spitzer, 2012, oder Birkenbihl, 2013.

– können wir auch abrufen, wenn wir in der Prüfung gerade im Stress sind (die Autobahn hat mehrere Bahnen, damit kein Stau entsteht).

So kannst du auch schwierige Aufgaben leichter lösen. Es lohnt sich also, dir auch den Stoff nochmals anzuschauen, den du „eigentlich schon kannst". Damit festigst und sicherst du deine Gehirnautobahnen. Wie du beim Wiederholen am besten vorgehst und es abwechslungsreich gestaltest, erfährst du zum Beispiel im Kapitel „So wirst du mit links zum Fremdsprachen-Checker" ab Seite 103.

Das zweite Gedächtnisgesetz lautet also:

Wenn du dir etwas merken willst, musst du es wiederholen. Mit jeder Wiederholung werden die Verbindungen in deinem Gehirn stärker.

Bist du von diesem ganzen Wiederholungs-Geschwafel gerade ein wenig genervt? Hast du vielleicht schon die Erfahrung gemacht, dass du einen Hefteintrag mehrmals gelesen hast oder die Vokabel-Liste immer wieder durchgegangen bist, mit dem Ergebnis, dass fast nichts hängengeblieben ist?

Kein Wunder, wenn du denkst, dass Wiederholen nichts bringt.

Vielleicht hast du aber einfach vergessen, beim Wiederholen dein Gehirn einzuschalten?

„Sinn-voll" lernen

Wenn du beim Lernen in kürzerer Zeit mehr erreichen möchtest, solltest du dein gesamtes Gehirn zum Glühen bringen.

Wirf dazu einen Blick auf das folgende Bild:

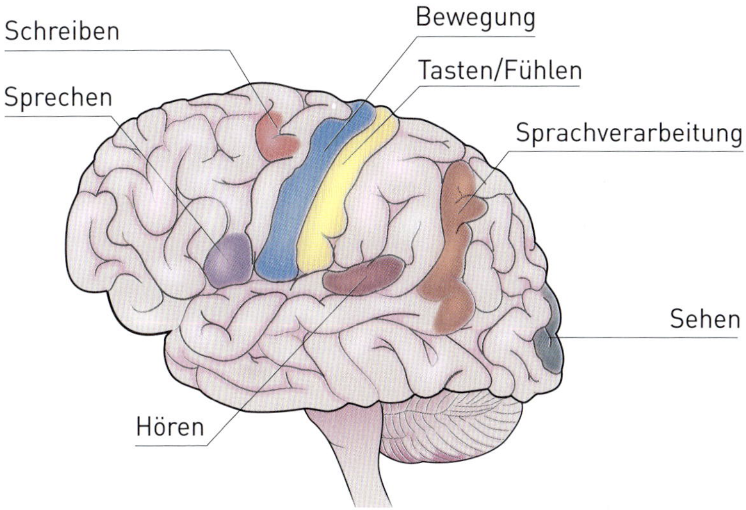

Das Bild zeigt dir, dass du bestimmte Regionen besitzt, die am Sehen, Hören, Sprechen oder Schreiben beteiligt sind. Beim Lernen sollten möglichst viele dieser Zentren aufblinken. Je mehr Sinne du nutzt, je abwechslungsreicher du den Stoff bearbeitest, desto dichter wird dein Autobahnnetz für diesen Inhalt. Der Vorteil: Du kannst dich leichter erinnern.

Wie könntest du das anstellen?

Anstatt einen Hefteintrag mehrmals zu lesen, könntest du

- dir nach dem Lesen den Inhalt als Film vorstellen,
- jemandem erklären, was du gelesen hast,
- die wichtigsten Punkte aufs Handy sprechen und anhören.

Die Lerntipps in diesem Buch helfen dir dabei, dein Gehirn voll auszuschöpfen. Wenn du möchtest, kannst du gleich jetzt zum Kapitel „So knackst du schwierige Texte“ auf Seite 83 springen. Dort zeigen wir dir, wie du dir auch den Inhalt langer und komplizierter Texte rasch und sicher einprägen kannst.

Merke dir aber jetzt bereits das dritte Gedächtnisgesetz:

Wenn du dir etwas langfristig merken möchtest, dann nutze beim Lernen möglichst viele Kanäle (Lesen, Hören, Sprechen, Schreiben) und stelle dir den Inhalt in Bildern vor.

Übrigens: Manche Leute behaupten, dass es sogenannte Lerntypen gibt, dass also jeder Mensch einen „Lieblingskanal“ hat, zum Beispiel die Augen oder das Gehör, mit dem er die besten Leistungen erbringt. Forscher/innen aus aller Welt kommen zu dem Schluss, dass der Lerntypen-Ansatz nichts bringt.[6] Anstatt dich

6 Für eine Übersicht über die Forschungsergebnisse siehe Aslaksen & Lorås, 2018, oder Pashler & andere,2008; auch interessant: Aslaksen & Lorås, 2019, sowie Rogowsky, Calhoun & Tallal, 2015.

auf einen Kanal zu stützen, solltest du den Stoff lieber aktiv und vielseitig bearbeiten.

Wer Pause macht, ist schneller fertig

Wer hätte das gedacht? Chillen ist gesund! Wenn du lernst und arbeitest, muss sich dein Gehirn ganz schön anstrengen. Und während es so ackert, verbraucht es eine Menge Energie (es verbrennt Glukose). Irgendwann sind die Reserven aufgebraucht. Dann kommst du nur noch langsam voran, fängst an zu gähnen und kannst dir kaum noch etwas merken. Oder du steckst bei einer schwierigen Mathe-Aufgabe fest. Dein Gehirn braucht dann eine Pause, um wieder Kraft zu tanken.

Wie schnell dein Kopf müde wird, hängt auch davon ab, was du tust. Wenn dich etwas interessiert, schaffst du es länger. Wenn etwas schwierig oder langweilig ist und du eine Menge Willenskraft benötigst, um dranzubleiben, ist dein Gehirn schneller erschöpft. Die meisten Schüler/innen lernen und arbeiten viel zu lange am Stück. Wann sollte man eine Pause machen? Schau doch mal in der Tabelle nach:[7]

So alt bin ich	Ungefähr so lange kann man sich in diesem Alter konzentrieren
11 bis 12 Jahre	25 Minuten
13 bis 15 Jahre	30 Minuten
16 bis 18 Jahre	35 bis 40 Minuten

7 Keller, 2005.

Die Tabelle ist ein Vorschlag. Es kommt sehr darauf an, wie gut du dich im Allgemeinen konzentrieren kannst und welchen Inhalt du lernst.

Wir, Stefanie und Fabian, haben beispielsweise festgestellt, dass wir beim Lernen von Vokabeln bereits nach 10 bis 15 Minuten eine kurze Pause benötigen. Möchten wir uns hingegen die Inhalte aus einem Psychologie-Buch einprägen, können wir problemlos 60 Minuten dranbleiben.

Egal, was du lernst: Wichtig ist der folgende Geheimtipp:

Lege eine Pause ein, bevor du müde wirst!

Dein Gehirn merkt sich nämlich, ob eine Tätigkeit anstrengend oder angenehm war. Unterbrichst du das Lernen erst, wenn du müde bist, merkt sich dein Gehirn:

„Lernen ist mega mühsam und anstrengend! Lass mich damit in Zukunft bloß in Ruhe!“

Es dauert lange, bis du wieder fit wirst, und du hast vielleicht keine Lust, weiterzuarbeiten.

Clevere Lernprofis machen eine Pause, bevor sie müde werden. Ihr Gehirn speichert dann ab:

„Hey, das geht ja ganz gut. Ich schaffe das! Ich habe noch Power!“

Sie erholen sich in der Pause schneller wieder und haben mehr Lust, weiterzumachen. Das gilt übrigens auch für dieses Buch. Lege es ab und zu beiseite und erhole dich ein wenig. Dein Gehirn wird es dir danken!

Experimentiere mit verschiedenen Lernzeiten bis zur Pause. Beginne mit dem Wert in der Tabelle und probiere dann aus, wie gut es läuft, wenn du die Lernzeit um fünf Minuten verlängerst oder verkürzt.

Gönn dir nach jeder Lerneinheit 3 bis 5 Minuten Pause. Wie wäre es, wenn du

- dich kurz auf den Boden legst und ein wenig döst?
- dir einmal in Ruhe dein Lieblingslied anhörst?
- dein Haustier fütterst?
- dich kurz bewegst?

Pausen sind keine Zeitverschwendung – auch wenn das manche Erwachsene glauben. Du kommst sogar schneller voran, wenn du das Lernen regelmäßig kurz unterbrichst. Dein Gehirn erholt sich und ist danach umso aufnahmefähiger. Und du profitierst von zwei Gedächtniseffekten: Wenn wir etwas lernen, bleibt uns immer der Anfang und das Ende besonders gut in Erinnerung. Zum Beispiel die erste und letzte Vokabel auf einem Vokabel-Blatt. Forschende nennen das auch den „Primacy-“ und den „Recency-Effekt“. Nun stell dir vor, du machst beim Vokabeln-Lernen nach jeweils 4 Wörtern eine kurze Pause. Bei jedem kleinen 4er-Päckchen prägst du dir ganz automatisch das erste und letzte Wort besser ein. Deswegen lernst du trotz der Unterbrechung insgesamt schneller und besser.

Tipp: Du kannst dir auch einen Wecker stellen, der dich rechtzeitig an deine Pausen erinnert.

Wie kurze Unterbrechungen dir sogar dabei helfen können, schwierige Mathe-Probleme zu lösen, erfährst du im Kapitel „Wie du das Mathe-Monster zähmst“ ab Seite 127.

HALT! Bevor du jetzt die Schulbücher zuschlägst und dich hinter deine Spielekonsole, den Fernseher oder dein Handy klemmst, um dich ein bisschen zu entspannen, sei gewarnt. Forschende haben herausgefunden, dass Handy-Konsum und Computerspiele *direkt nach dem Lernen* den Autobahnbau in deinem Gehirn stören können.[8] Warte also lieber 30 bis 60 Minuten, bis du damit loslegst – du möchtest ja nicht aus Versehen den „Löschen"-Knopf in deinem Gehirn drücken, oder?

Gönne deinem Gehirn etwas Abwechslung

Wie du bereits erfahren hast, kann dein Gehirn während kurzer Pausen seine Energievorräte wieder auffüllen. Von diesem Effekt kannst du auch profitieren, indem du möglichst unterschiedliche Fächer nacheinander lernst. Denn je nach Fach nutzt du andere Netzwerke deines Gehirns und gibst den ruhenden Bereichen die Gelegenheit, sich zu erholen – ungefähr so, wie wenn du eine schwere Tasche abwechselnd mit dem rechten und dem linken Arm trägst. Anstatt für einen Vokabel-Test 30 Minuten am Stück zu lernen, könntest du daraus drei kleine Portionen von 10 Minuten machen und sie zwischen die Hausaufgaben streuen.

8 Zum Beispiel Liebherr & andere, 2020; Dworak & Wiater, 2014; Kindermann, Javor & Reuter, 2016; Gottselig & andere, 2004; Kalafatakis, Bekiaridis-Moschou, Gkioka, & Tsolaki, 2017.

Gönne deinem Gehirn auch sonst ein wenig Abwechslung, indem du

- verschiedene Lernorte nutzt,
- ähnliche Fächer, zum Beispiel Englisch und Französisch, nicht nacheinander lernst,
- zwischen schriftlichen Aufgaben (z.B. Mathe-Aufgaben) und mündlichen Übungen (z.B. Vokabeln lernen) abwechselst.

Warum Schlafmützen so erfolgreich sind

Kannst du dir vorstellen, dass dein Gehirn im Schlaf weiterlernt?[9] Und dass du ihm für die Nacht sogar einen Auftrag geben kannst? Das klingt unglaublich, ist aber so!

Herausgefunden haben das Wissenschaftler/innen an der Universität Lübeck. Sie ließen Studierende Vokabeln auswendig lernen und schickten sie danach ins Bett. Der einen Gruppe teilten sie mit, dass die Vokabeln am nächsten Tag abgefragt werden. Diese Gruppe schnitt beim Vokabel-Test besser ab, obwohl beide Gruppen die Vokabeln in der Zwischenzeit nicht mehr anschauen durften.

Vielleicht fragst du dich, wie das möglich ist?

9 Feld & Diekelmann, 2015; Gottselig & andere, 2004; Hobson & Pace-Schott, 2002; Rasch & Born, 2013; Stickgold & Walker, 2013.

Während du schläfst, schafft dein Gehirn Ordnung. Es wird nicht mehr mit neuen Infos belästigt und nutzt die Zeit, um das Gelernte zu sortieren.

Während Samantha schläft, lernt ihr Gehirn munter weiter.

Das, was es noch braucht, festigt es. Dabei scheint das Gehirn den gelernten Stoff noch einmal im Schnelldurchlauf innerlich abzuspulen. Es „blinken" noch einmal die gleichen Netzwerke auf wie während des Lernens.[10]

Du profitierst am stärksten von diesem Effekt, wenn du kurz vor dem Einschlafen wichtige Inhalte wiederholst und dir sagst: „Das will ich morgen noch wissen!"

Schon ein kurzes Nickerchen von 15 bis 20 Minuten nach dem Lernen lässt dein Gehirn zu Höchstform auflaufen.

Und hier kommt Gedächtnisgesetz Nummer 4:

Wer zu viel arbeitet, wird unproduktiv. Nutze kurze Pausen und Nickerchen und achte auf genügend Schlaf, um rasch voranzukommen.

10 Feld & Diekelmann, 2015; Euston, Tatsuno & McNaughton, 2007; Wilhelm & andere, 2011.

Zapple dich schlau

Wusstest du, dass Bewegung eine Art Doping für dein Gehirn ist?[11]

Wenn du dich vor oder während des Lernens bewegst, wird dein Gehirn besser durchblutet und aufnahmefähiger. Gleichzeitig bildet sich ein Eiweiß (mit dem lustigen Namen *brain derived neurotrophic factor*), das deine „Gehirnautobahnen" repariert und schneller wachsen lässt.

Du könntest mit dem Fahrrad von der Schule heimfahren, während deiner Lernpausen ein paar Muskelübungen absolvieren oder dich mit dem Springseil oder auf dem Trampolin wieder in Schwung bringen. Danach fühlst du dich gleich viel frischer.

Und damit kommen wir zu Gedächtnisgesetz Nummer 5:

> Bewegung ist ein guter Lernbooster. Nutze Bewegungspausen, um dein Gehirn in Schwung zu bringen, und verzichte auch in anstrengenden Prüfungsphasen nicht auf deinen Sport.

11 Moreau & Chou, 2019; Archer & Garcia, 2014; Ferris, Williams & Shen, 2007; Griffin & andere, 2011; Hillman, Erickson & Kramer, 2008; Huang & andere, 2013; Lees & Hopkins, 2013; Winter & andere, 2007.

Quiz: So lerne ich schneller und besser

Kennst du jetzt die Bedienungsanleitung für dein Gehirn? Dann teste dein Wissen im folgenden Quiz. Kreuze an: Welche der Aussagen sind richtig? Pro Frage können mehrere Antworten zutreffen. Trage abschließend der Reihe nach alle angekreuzten Buchstaben in das Lösungsfeld ein.

1. Damit ich mich besser konzentrieren kann, sollte ich

- [H] selbst ausprobieren, wo es am besten klappt.
- [I] aufstehen oder mich bewegen, wenn ich zappelig werde.
- [U] Popmusik oder Rap beim Lernen hören. Hauptsache, das Lied hat dieselbe Sprache wie die Hausaufgaben und ich kann laut mitsingen.
- [L] Ohrenstöpsel benützen, falls Geschwister oder Geräusche im Hintergrund mich stören.

2. Das Gehirn arbeitet besser, wenn ich

- [M] alle Hausaufgaben am Stück erledige.
- [E] für Abwechslung zwischen den Schulfächern sorge.
- [I] erst eine Pause mache, wenn ich müde werde.
- [R] kurze Pausen einlege, bevor ich müde bin.

3. *Das Gehirn merkt sich Dinge schneller, wenn ich*

- T mich dahinterklemme und alles auf einmal lerne.
- N den Stoff in kleine Portionen aufteile.
- P den Stoff regelmäßig wiederhole (ihn durchlese, mich abfragen lasse, Notizen mache).
- R das Wichtigste vor dem Schlafengehen wiederhole.
- A nachts noch ein bisschen lerne, anstatt zu schlafen.
- M direkt nach dem Lernen zocke, auf meinem Handy daddle oder einen Film anschaue.

Beim Lernen wachsen neue Verbindungen in deinem Gehirn, und alte werden dicker. So erinnerst du dich besser an den Stoff. Du vergisst ihn auch nicht mehr so schnell. Aber was kannst du tun, um den Autobahn-Bau in deinem Gehirn zu beschleunigen?

4. *Ich lerne clever, wenn ich*

- U den Stoff nur lese, um mein Gehirn auszuruhen.
- O mit mehreren Sinnen lerne.
- T zwei ähnliche Fächer nacheinander lerne.
- F zwei möglichst unterschiedliche Fächer nacheinander lerne.
- I genügend schlafe und mich regelmäßig bewege.

LÖSUNG: _ _ _ _ _ _ _ _ _ _ _ _!

Die Auflösung des Rätsels findest du auf Seite 56.

Das Lösungswort lautet „HI LERNPROFI!“

Mit wenig Aufwand viel erreichen: Lande bei der Prüfung einen Volltreffer

Kennst du das?

„Die Lehrer fragen in der Prüfung eh immer das, was ich nicht kann."

„Wie soll man denn wissen, was wichtig ist?"

„In Biologie müssen wir so viel lernen!"

„Ich weiß gar nicht, wo ich mit dem Lernen anfangen soll."

Fehlt dir auch manchmal der Durchblick, was die Lehrkräfte in den Tests eigentlich von dir wollen? Wir möchten dir dabei helfen, ihnen auf die Schliche zu kommen. Nehmen wir also die Fährte auf!

Wie du herausfindest, was wirklich wichtig ist

Gibt es in deiner Klasse auch Leute, die mit wenig Aufwand zu guten Noten kommen? Dazu muss man kein Superhirn sein. Diese Schüler/innen haben ein paar Tricks auf Lager, die du vielleicht noch nicht kennst.

Möchtest du gerne wissen, welche? Dann stecke deine Nase noch etwas tiefer in dieses Buch.

Leandro rafft's nicht

Stell dir eine Zielscheibe vor: In der Mitte hast du ein kleines Feld, das dir viele Punkte einbringt. Die größeren Kreise weit außen sind zwar einfacher zu treffen, geben aber kaum Punkte.

Nehmen wir nun an, die Zielscheibe enthält das gesamte Wissen für eine Prüfung. Es gibt die wichtigen Inhalte ganz in der Mitte. Von diesen denken deine Lehrkräfte: „Das muss meine Klasse wissen – das frage ich ganz bestimmt." Wenn du diesen Stoff lernst, holst du mit einem Wurf viele Punkte.

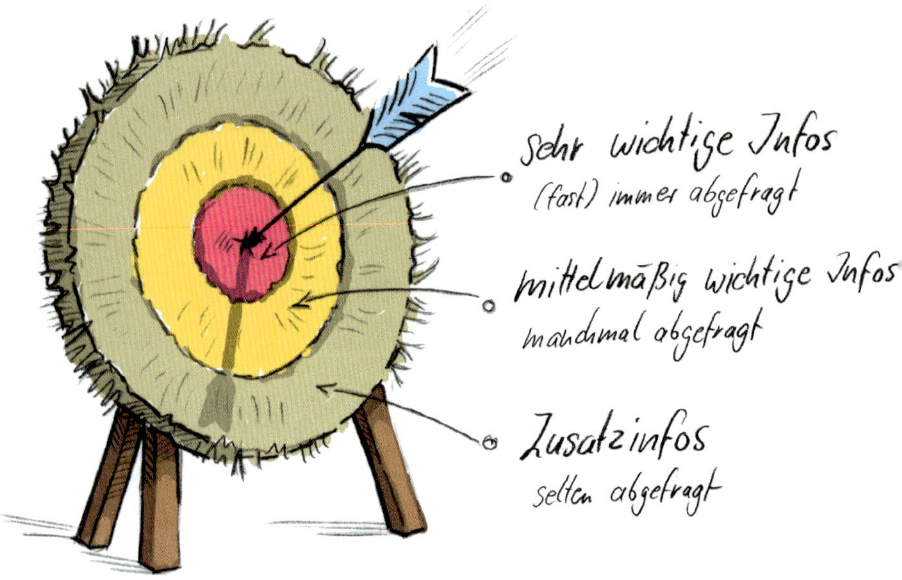

Dann gibt es die Ringe ganz außen: Wissen, das deine Lehrkräfte als nett, aber nebensächlich sehen. Diese Inhalte kommen fast nie in einer Prüfung vor. Wenn du diesen Stoff lernst, holst du mit gleicher Lernzeit viel weniger Punkte.

Es gibt zwei Möglichkeiten, deine Noten zu verbessern. Du kannst mehr Pfeile werfen: also mehr und länger büffeln. Oder du zielst von Anfang an besser in die Mitte – indem du dich gut informierst, was wichtig ist. So triffst du bei der Prüfung ins Schwarze und holst mit wenig Aufwand viele Punkte.

Leandro achtet bei der Prüfungsvorbereitung überhaupt nicht auf die Zielscheibe. Er lernt einfach drauflos und liest für seinen Geschichtstest ein Kapitel nach dem anderen. Das ist, als werfe er mit verbundenen Augen Pfeile im Zimmer herum.

Erkennst du das Problem? Leandro

- merkt nicht, auf welche Inhalte er sich konzentrieren sollte,
- verschwendet viel Zeit mit unwichtigen Infos,
- gerät unter Druck, wenn die Zeit zum Lernen knapp wird.

Kein Wunder, dass er dauernd gestresst ist: Er büffelt wie ein Wilder und hat trotzdem schlechte Noten.

Clevere Schüler/innen machen sich vorab einige Gedanken, die ihnen beim Zielen helfen. Dann werfen sie die ersten Pfeile genau in die Mitte.

Samuel stellt sich bei der Prüfungsvorbereitung als Erstes die Frage:

- *Was sind die Lernziele? Was muss ich am Ende wissen und können?*

Du solltest die Lernziele unbedingt schon vor dem Lernen gebrauchen. Sie helfen dir dabei, deine Prüfungsvorbereitung sinnvoll zu planen und dir eine Menge Zeit zu sparen. Frage dich: Was und wie muss ich lernen, damit ich die Ziele erreiche?

Du kannst dich mithilfe der Lernziele auch abfragen. Wenn du beispielsweise eine Seite in deinem Biologiebuch gelesen hast, überlege dir: „Gibt es zu diesem Inhalt ein Lernziel? Kann ich die Frage dazu beantworten?"

Misstraust du den Lernzielen?

Vielleicht geht es dir wie dem misstrauischen Finn. Er beachtete die Lernziele im Fach Geschichte kaum. Zu seinem besten Freund Samuel meinte er: „Die Schuster fragt doch sowieso nicht das, was sie in den Lernzielen vorgibt. Das wäre doch viel zu einfach. Die will uns nur reinlegen."

Samuel war anderer Meinung: „Nee du, das glaube ich nicht. Die ist doch ganz nett. Bestimmt möchte sie, dass wir verstehen, was wirklich wichtig ist. Ich lerne vor allem das, was in den Lernzielen steht."

Einige Wochen später bekommen die beiden die Klassenarbeit zurück. Samuel freut sich über die gute Note, Finn ist sauer. Den Spruch „Vergleich mal die Lernziele mit den Prüfungsfragen. Ich habe doch gesagt, die Schuster ist fair." kann sich Samuel nicht verkneifen.

Finn ärgert sich noch eine Weile – ist bei der nächsten Prüfung aber froh, dass er sich auf die Lernziele verlassen kann.

Uns begegnen im Lerncoaching immer wieder Jugendliche, die glauben, dass ihre Lehrkräfte vor allem fiese Fragen stellen und sich sowieso nicht an den Lernzielen orientieren. In diesem Fall vergleichen wir mit ihnen die Fragen aus ihren bisherigen Tests bei dieser Lehrkraft mit den jeweiligen Lernzielen. Oft sind sie überrascht, wie stark diese übereinstimmen. Natürlich gibt es immer auch weiterführende Fragen – aber meist wäre eine viel bessere Note möglich gewesen, wenn sie die Lernziele beachtet hätten.

Falls du selbst misstrauisch bist: Führe diesen Vergleich für die letzten drei bis vier Prüfungen durch.

Ich erhalte keine Lernziele!

Nicht alle Lehrkräfte geben Lernziele vor. Manche erwarten von ihren Schülern und Schülerinnen, dass sie selbst überlegen, was wichtig ist. Du findest Hinweise darauf im Unterricht, in deinen Materialien und in alten Tests. Wahrscheinlich kannst du nicht alle Strategien auf jedes Fach anwenden. Das ist auch nicht nötig. Jede einzelne hilft dir dabei, bei der Prüfungsvorbereitung Prioritäten zu setzen.

Schauen wir uns das ein wenig genauer an.

Nimm deine Lehrkraft unter die Lupe

Jede Lehrkraft hat ihren eigenen Stil und empfindet bestimmte Inhalte als besonders wichtig.

Wenn du bei der Prüfung ins Schwarze treffen und mit weniger Aufwand mehr erreichen möchtest, solltest du auf die kleinen und großen Signale achten, die die Lehrer/innen aussenden:

- Gute Hinweise findest du in ihrer Körpersprache. Bekommen sie einen verträumten Blick, wenn sie über bestimmte Inhalte sprechen? Oder erklären sie mit rotem Kopf und lauter Stimme etwas, das „ihr wirklich wissen solltet!“? Dann kannst du dir sicher sein: Das wird Prüfungsstoff.
- Achte während des Unterrichts darauf, welche Themen die Lehrkraft besonders betont. Markiere sie

im Heft gleich mit Leuchtstift oder einem „!“ am Rand.

- Passe in der letzten Wiederholungsstunde vor der Prüfung gut auf und schreibe mit. Die Lehrer/innen geben in dieser Lektion meist Hinweise, was du unbedingt können solltest.
- Überlege dir am Anfang der Prüfungsvorbereitung, welche Themen im Unterricht ausführlich besprochen wurden – das sind meist die wichtigen. Das gilt vor allem für Inhalte, auf die die Lehrkräfte immer wieder zurückkommen.

Oft freuen sich Lehrer/innen auch, wenn man sie um Tipps und Übungsaufgaben bittet oder fragt, was besonders wichtig ist.

Sieh dir das Lernmaterial genauer an

Wenn eine Autorin ein Lehrbuch verfasst oder ein Lehrer Unterrichtsmaterial erstellt, dann möchten sie, dass du dir das Wichtigste merken kannst. Dafür nutzen sie verschiedene Techniken. Sie

- nehmen besonders wichtige Punkte in den Titel eines Abschnitts;
- heben wichtige Stellen und Begriffe hervor, indem sie diese **fett**, *kursiv* oder farbig markieren;
- verdeutlichen die wichtigsten Punkte in Form einer Grafik;

- formulieren Merksätze und setzen diese in Kästen;
- fassen am Ende eines Kapitels die wichtigsten Punkte zusammen;
- stellen zu den Inhalten Lernfragen zusammen;
- …

Das Aussehen von Buchseiten und Hefteinträgen gibt dir somit einen Wink, worauf du dich in der Prüfungsvorbereitung stürzen solltest. Wenn du dir angewöhnst, auf diese Dinge zu achten, entwickelst du mit der Zeit einen sehr guten Blick dafür. Du kannst dann eine Doppelseite in einem Geschichts- oder Biologiebuch aufschlagen, sie kurz scannen und hast sofort eine Ahnung, worum es auf diesen Seiten ungefähr geht. Das wiederum hilft dir bereits beim ersten Lesen, auf die wichtigen Inhalte zu fokussieren und sie dir einzuprägen.

Seziere alte Prüfungen

Früher mussten Schüler/innen im Biologieunterricht oft einen Frosch sezieren. Sie bekamen das tote Tier vorgesetzt, mussten es sorgfältig mit einem Skalpell aufschneiden, die Organe entnehmen und diese dann studieren.

Heute verzichten Lehrkräfte zum Glück auf diese eklige Sache.

Du kannst dieses Vorgehen aber auf deine Prüfungen anwenden. Zerlege sie in ihre Einzelteile, und schau dir genau an, wie sie strukturiert sind.

Die meisten Lehrkräfte haben eine Art Schema, nach dem sie ihre Prüfungen aufbauen. Sehen wir uns das anhand des Fachs Geschichte genauer an. Manche Lehrkräfte legen viel Wert auf Details und Jahreszahlen. Anderen ist das überhaupt nicht wichtig. Lieber möchten sie, dass die Klasse Zusammenhänge erfasst, und stellen gerne offene Fragen. Manche legen dir ein Bild vor (z.B. eine Karikatur oder ein Gemälde aus einer bestimmten Zeit) und lassen dich einen Text dazu verfassen. Sie wollen also, dass du dein Wissen anwendest und überträgst. Wieder andere teilen einen Quellentext von früher aus und stellen dazu Fragen. Je nach Art der Prüfung musst du dich ganz anders vorbereiten.

Und so gehst du beim Sezieren vor:

Schritt 1: Besorge dir alte Prüfungsaufgaben

Hast du bei deiner Lehrkraft bereits einige Tests geschrieben? Wunderbar! Du hast bereits genügend Material für deine Analyse. Vielleicht müsst ihr die Prüfungsblätter wieder zurückgeben – dann zücke zu Hause dein Smartphone und fotografiere die korrigierten Tests jeweils ab.

Es lohnt sich auch, aktiv nach alten Prüfungen zu fragen. Oft sind Lehrer/innen bereit, einige Übungstests aus vergangenen Jahren zur Verfügung zu stellen, damit man sich gut vorbereiten kann. Ansonsten kannst du auch ältere Geschwister, Leute aus der Parallelklasse oder dem Jahrgang über dir ausquetschen, wie diese Lehrkraft die Prüfungen gestaltet und welche Schwerpunkte sie bei einem bestimmten Thema gesetzt hat.

Oliver nimmt die Detektivarbeit auf...
(KA steht für Klassenarbeit.)

Schritt 2: Vergleiche die Prüfungsaufgaben miteinander

Lege nun alle alten Prüfungsblätter oder Übungstests nebeneinander auf einen Tisch und vergleiche sie. Natürlich sind die Inhalte unterschiedlich. Aber oftmals kannst du eine gemeinsame Struktur erkennen und die Art und Weise, wie du lernst, darauf abstimmen. Lass uns ein paar Beispiele ansehen.

Lea hatte bisher eine Geschichtslehrerin, die sehr viel Wert auf Zusammenhänge legte. Obwohl Geschichte ihr starkes Fach ist, hat sie beim neuen Lehrer in den ersten zwei Tests schlecht abgeschnitten. Als sie die beiden alten Prüfungen nebeneinanderlegt und sich die Fragen genauer anschaut, fällt ihr auf: Dieser Lehrer möchte, dass man in der Prüfung viele Details wiedergibt, inklusive vollständiger Namen und Jahreszahlen. Bisher hatte sich Lea nicht auf diese Punkte konzentriert. Nun weiß sie, dass sie solche Details für den nächsten Test gründlicher lernen sollte.

Felix ist bei seiner Biologielehrerin aufgefallen, dass er in fast jeder Prüfung eine Abbildung (z. B. von einer Zelle) zeichnen und beschriften musste. Dabei hatte er jeweils viele Punkte verloren. Er fragt sich daher für den nächsten Test: Welche Abbildungen aus dem Buch oder Heft könnten drankommen? Er prägt sich diese ein, indem er sie aus dem Gedächtnis zeichnet und beschriftet und dann mit der Vorlage im Buch vergleicht.

Maries Klasse liest in Deutsch wieder einmal eine Lektüre. Obwohl Marie das Buch für die letzten Tests zwei- bis dreimal durchgelesen und sich die Hefteinträge angeschaut hatte, fielen die Noten eher enttäuschend aus. Bei genauerem Hinsehen merkt sie, dass sie sich unklug vorbereitet hat. Die Fragen in den Lektüre-Prüfungen sind jeweils sehr ähnlich. Sie können aber nicht gut beantwortet werden, wenn man das Buch einfach mehrmals durchliest. So muss Marie zum Beispiel in den meisten Tests eine der Hauptpersonen charakterisieren, eine Textstelle in die Handlung einordnen und sich Gedanken darüber machen, was die Autorin oder der Autor mit dem Buch aussagen wollte. Ihr wird bewusst, dass sie im Unterricht sehr ausführlich über genau diese Themen gesprochen haben und es ziemlich gute Hefteinträge zu diesen Punkten gibt. Marie verwendet jetzt mehr Zeit darauf, die Materialien aus dem Unterricht zu lernen, anstatt das Buch mehrmals zu lesen.

Jetzt bist du dran. Lege ein paar Prüfungen eines Fachs nebeneinander und versuche die folgenden Aussagen zu vervollständigen. Du kannst das im Kopf oder schriftlich machen:

Meine Lehrkraft legt besonders viel Wert auf:

____

____

Meistens kommt mindestens eine Frage/Aufgabe der folgenden Art:

Es kamen bisher nie Fragen/Aufgaben zu:

Lerne vom Wichtigen zum Unwichtigen

Die Lernziele, alte Prüfungsaufgaben, die Infos aus dem Unterricht und die Sichtung deiner Materialien helfen dir dabei, Antworten auf die folgenden Fragen zu finden:

1. Welche Inhalte sind zentral?
2. Welche sind mittelmäßig wichtig?
3. Was ist eher nebensächlich?

Oft hilft dir dabei auch die Überlegung: „Wenn ich nur ganz wenig Zeit fürs Vorbereiten der Prüfung hätte – was würde ich dann lernen?“

Denk an die Zielscheibe zu Beginn des Kapitels.

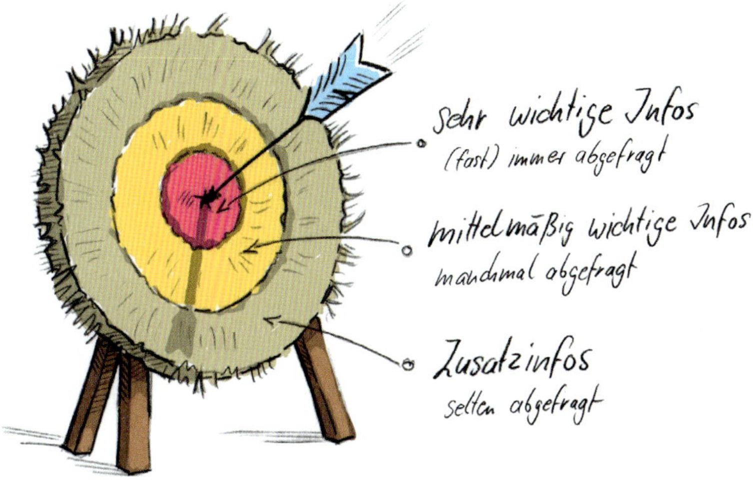

Die zentralen Inhalte sind die, bei denen du mit wenig Aufwand viele Punkte holen kannst. Du solltest dich also bei der Zielscheibe von innen nach außen vorarbeiten:

1. Starte mit dem kleinen Kreis im Zentrum, und lerne diesen gründlich.
2. Erst wenn du die wichtigsten Inhalte beherrschst, siehst du dir die mittelmäßig wichtigen Infos an.
3. Falls vor der Prüfung noch Zeit bleibt, kannst du auch noch die Zusatzinfos lernen.

Auch zu diesem Kapitel gibt es einen Clip auf:
www.mein-clever-lernen.com

Alles im Griff statt voll verplant!

Manchmal geht es in deinem Gehirn zu wie in einem Bienenstock. Unzählige Aufgaben schwirren dir im Kopf herum. Bei dieser Unruhe weiß man gar nicht mehr, wo man anfangen soll.

Wie oft hast du schon in der Schule gesessen und gedacht: „Ach, das merke ich mir einfach, das muss ich mir nicht aufschreiben!"?

Zu Hause grübelst du dann:

- Was hatten wir nochmal auf?
- Wann ist schon wieder diese Prüfung?

Wenn dein Gehirn sich zu viele Aufgaben und Termine merken muss, gerät es unter Dauerstress. Das merkst du daran, dass dich immer wieder das mulmige Gefühl beschleicht, du hättest irgendetwas Wichtiges vergessen. Und in den unmöglichsten Momenten schießt dir dann plötzlich ein siedend heißer „Mist!-Ich-muss-ja-noch ..."-Gedanke durch den Kopf. Vielleicht erwischst du dich auch dabei, wie du abends im Bett liegst und nicht einschlafen kannst, weil dir auf einmal irgendeine Aufgabe einfällt, die du noch erledigen musst.

Die Lösung:

Entlaste dein Gehirn, indem du dir Aufgaben und Termine aufschreibst!

Sobald du das tust, merkt dein Gehirn: „Ah, diese Info ist jetzt gut versorgt. Sie geht sicher nicht verloren. Ich muss nun nicht mehr daran denken. Endlich habe ich wieder Kapazität für andere Dinge frei!"

Probiere es aus! Spürst du, wie das Chaos aus deinem Kopf durch deine Hände herausfließen kann, wenn du es aufs Papier bringst?

Lara behält den Überblick

Lara geht aufs Gymnasium. Mit jedem Jahr kommen neue Schulfächer und mehr Hausaufgaben hinzu. Und die Prüfungen erst! Manchmal schreibt sie mehrere Tests in einer Woche. Zum Glück weiß Lara, wie sie ihrem Gehirn dabei hilft, Ruhe zu bewahren.

Am Anfang des Schuljahres druckt sie sich den Stundenplan aus und klebt ihn vorne in ihr Hausaufgabenheft. Die Unterrichtsstunden markiert sie farbig. In einer anderen Farbe trägt sie ihre Freizeitverpflichtungen ein (Volleyball, Bandprobe, Pfadfinder). Nun überlegt Lara, an welchen Wochentagen sie wie viel Zeit für die Hausaufgaben und das Lernen aufwenden kann. Am Montag und Dienstag hat sie so ein volles Programm, dass sie am Abend nur noch das Nötigste für den nächsten Tag erledigen will. Die restliche Zeit reserviert sie sich, um sich zu erholen.

Hier siehst du Laras Wochenübersicht:

	Mo	Di	Mi	Do	Fr	Sa	So
7.40–8.25	Franz	Deutsch	Religion	Englisch	Mathe		
8.30–9.15	Franz	Deutsch	Werken	Mathe	Mathe		
9.15–10.00	Deutsch	Mathe	Werken	Sport	Musik		
10.00–10.30	GROẞE PAUSE						
10.30–11.15	Deutsch	Englisch	Franz	Bio	Ge-schichte		
11.15–12.00	Musik	Englisch		Bio	Ge-schichte		
12.00–14.00	MITTAGSPAUSE						
14.00–14.45	Mathe	Kunst		Geo			
14.45–15.00	PAUSE						
15.00–15.45	Sport	Kunst		Geo			
15.45–16.30	NACH HAUSE GEHEN, ESSEN						
16.30–17.30	Volley-ball						
17.30–18.30	Volley-ball	Band			Pfad-finder		
18.30–19.30					Pfad-finder		
Ab 19.30	ABENDESSEN, CHILLEN						

Falls du von der Schule keinen übersichtlichen Plan erhalten hast, kannst du Laras Beispiel als Vorlage nutzen: Trage Schulfächer, Freizeitaktivitäten und frei verfügbare Zeit in jeweils einer anderen Farbe ein.

Zurück zu Lara: Wenn sie in einem Fach eine Hausaufgabe bekommt, schreibt sie diese direkt in ihren Kalender. Besonders clever geht sie bei den Prüfungsterminen vor: Lara weiß, dass ihre Lehrkräfte sich untereinander nicht absprechen. Teilweise stehen drei bis vier Tests in einer Woche an. Damit sie nicht in Zeitnot gerät, nutzt sie den folgenden Trick:

In der Mathe-Stunde kündigt ihre Lehrerin, Frau Frommknecht, den nächsten Test an: „Am 27. September schreiben wir die nächste Mathe-Prüfung. Das ist der Dienstag in drei Wochen."

Also springt Lara in ihrem Hausaufgabenheft zum Dienstag, dem 27. September, und trägt die farbige Notiz „Achtung, heute Mathe-Prüfung!" für diesen Tag ein.

Als Nächstes überlegt sie sich, wie lange sie normalerweise für die Vorbereitung braucht. Sie sagt sich: „Okay, am 27. September ist die Mathe-Prüfung. Das ist jetzt eingetragen! Wann will ich mit dem Lernen beginnen? Hm, ich glaube, eine Woche genügt. Also ab Dienstag, den 20. September. Jetzt kann ich ab hier ‚für Mathe-Prüfung lernen' eintragen."

Und so sieht das aus:

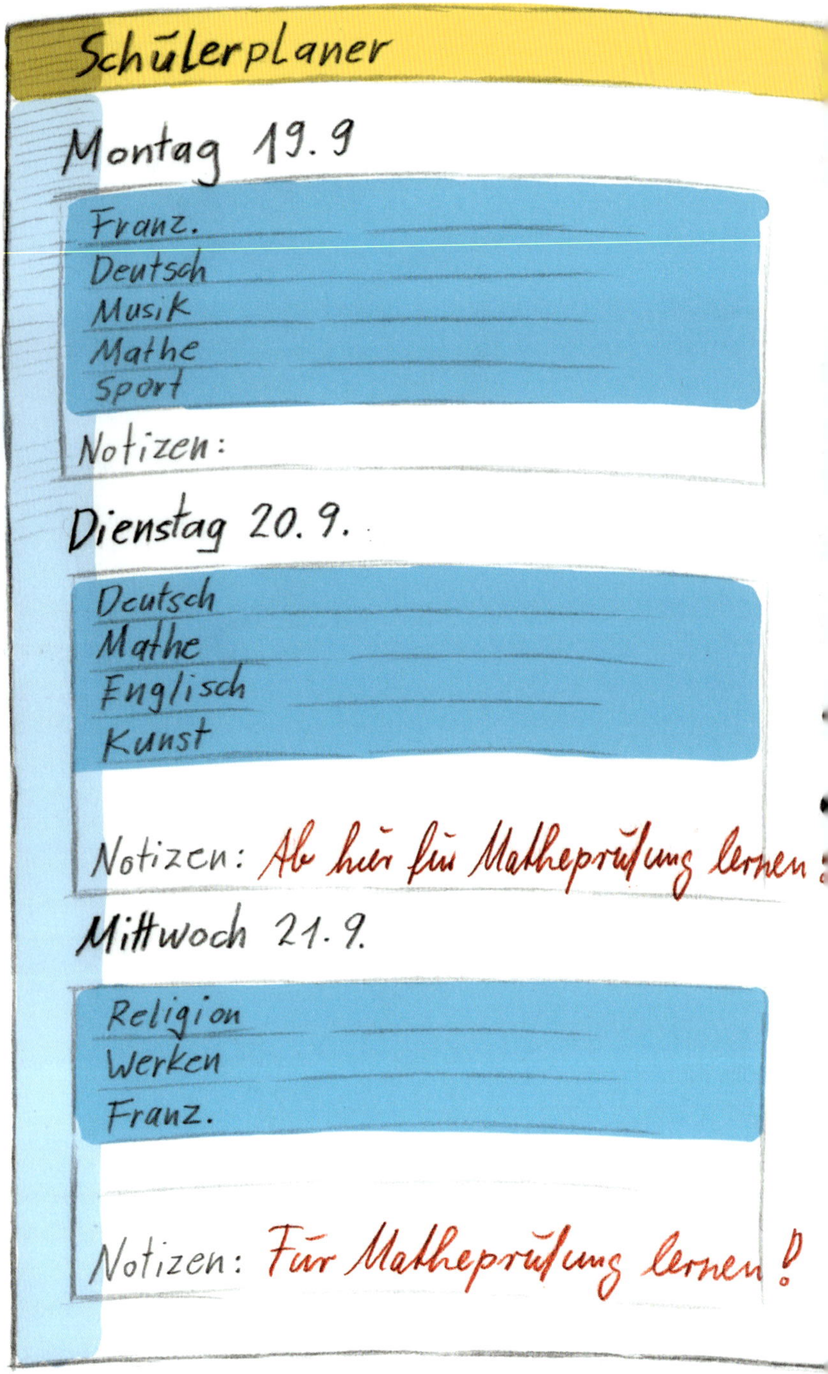

Woche vom 19.9 – 25.9.
Donnerstag 22.9
Englisch
Mathe
Geo
Notizen: Für Matheprüfung lernen!
Freitag 23.9.
Mathe
Musik
Geschichte
Notizen: Für Matheprüfung lernen!
Samstag 24.9.
Sonntag 25.9.
Achtung: Am Dienstag Matheprüfung!

So gibt es für Lara keine bösen Überraschungen. Natürlich fängt sie nicht immer sofort zu lernen an, wenn sie es sich eingetragen hat. Aber die Einträge helfen ihr dabei, rechtzeitig mit der Prüfungsvorbereitung zu beginnen. Das ist vor allem dann wichtig, wenn weitere Tests am gleichen Tag oder in derselben Woche hinzukommen. Dann brauchst du nämlich genügend Zeitpuffer und einen guten Überblick, was alles ansteht.

Laras Freund Can geht es ganz anders: Can hat sich nur den Prüfungstermin eingetragen. Er schlägt am Montag, dem 26. September, sein Hausaufgabenheft für die neue Woche auf und zuckt zusammen: „Mist, morgen ist ja die Mathe-Prüfung! Das hatte ich letzte Woche noch gar nicht auf dem Schirm. Voll vergessen! Wie soll ich denn an einem Tag noch den ganzen Stoff lernen?" Can ist viel zu spät dran und kommt ins Schwitzen.

Bei der nächsten Prüfung nutzt er den Trick seiner Freundin Lara. Und hier noch einmal das Erfolgsrezept in Kürze:

- Springe in deinem Hausaufgabenheft bzw. deinem Handykalender zum Prüfungstermin. Erstelle einen Eintrag, zum Beispiel: Achtung, heute Vokabel-Test Englisch.
- Überlege dir, wie viele Tage du zum Lernen brauchst. Plane lieber etwas mehr Zeit ein, wenn du dir unsicher bist.
- Suche in deinem Hausaufgabenheft bzw. deinem Kalender den Tag heraus, an dem du mit der Vorberei-

tung anfangen willst. Schreibe ab hier bis zum Prüfungstermin für jeden Tag eine Erinnerung ein, zum Beispiel: „Für Englisch-Vokabel-Test am Freitag lernen!“

Tipp: Am besten reservierst du eine besonders auffällige Farbe für diese Prüfungseinträge, zum Beispiel knallrot oder neongrün.

Es ist hilfreich, wenn du bei der Planung einige der folgenden Tipps beachtest:

- *Plane an langen, anstrengenden Schultagen nur wenige Aufgaben ein.*
- *Arbeite an kürzeren Schultagen mehr Aufgaben ab.*
- *Verteile die Prüfungsvorbereitung über mehrere Wochentage, und wiederhole das Gelernte regelmäßig (vor allem bei Inhalten, die du dir langfristig merken möchtest, z. B. Vokabeln).*
- *Plane dir auch Freizeit und genügend Pausen ein.*

So knackst du schwierige Texte: lesen, verstehen, zusammenfassen, siegen!

Wie oft musst du für Fächer wie Geschichte, Deutsch, Mensch und Umwelt, Geografie oder Biologie etwas lesen und lernen? Wie oft merkst du dabei: „Ich lese und lese, aber es bleibt nichts hängen“?

Wenn du das Material nur durchliest, wird es deinem Gehirn rasch langweilig. Deine Gedanken gehen auf Wanderschaft. Irgendwann lesen nur noch deine Augen, aber dein Kopf bekommt nichts mehr davon mit.

In diesem Kapitel zeigen wir dir, wie du

1. beim Lernen für solche Fächer für Spannung und Abwechslung sorgst,
2. dir in kürzerer Zeit alles Wichtige merken kannst,
3. dafür sorgst, dass dir in der Prüfung die Antworten leichter einfallen.

Also los: Wie bringst du das Wissen am schnellsten vom Buch oder Hefteintrag in deinen Kopf?

Mit der folgenden Lernstrategie klappt das wunderbar. Du wirst überrascht sein, wie viel du dir merken kannst, wenn du sie ein paar Mal geübt hast:

1. Teile den Text in kurze Abschnitte ein.
2. Lies einen Absatz durch und markiere dabei drei bis fünf Schlüsselbegriffe.
3. Fasse in eigenen Worten zusammen, was du gerade gelesen hast.
4. Überprüfe, ob du dich an alles Wichtige erinnert hast.
5. Gehe dem Inhalt auf den Grund.

Das sieht aufwändig aus. Aber du wirst gleich sehen, wie hilfreich jeder Schritt ist. Schauen wir uns das Vorgehen genauer an:

1. Schritt: Teile den Text in kurze Abschnitte ein

Dieser Schritt ist schnell gemacht. Nimm eine Textseite und zerlege sie in kleine Abschnitte. Oft ist der Text bereits aufgegliedert.

Achte darauf, die Abschnitte so klein zu wählen, dass du denkst: Wenn ich diesen Absatz lese und dann abdecke, kann ich mich an fast alles erinnern.

Du hast einen komplizierten Text vor dir? Dann können die Abschnitte sehr klein werden, zum Beispiel nur zwei bis drei Sätze.

Das bringt's:

Dein Gehirn ist keine Festplatte, deine Augen sind kein Scanner. Wenn du schwierige Texte einfach nur liest, bleibt fast nichts hängen. Dein Gehirn merkt sich die Inhalte nur, wenn du ihm eine kleine Portion nach der anderen verfütterst.

2. Schritt: Lies einen einzelnen Absatz durch und markiere drei bis fünf Schlüsselwörter

Streichst du beim Lesen wichtige Stellen mit Leuchtstift an? Und ist danach alles gelb und klebrig?

Das passiert, wenn du alles markierst, was wichtig ist.

Wir möchten dir eine bessere Möglichkeit vorstellen. Frage dich nach dem Lesen eines Abschnitts:

Welche drei bis fünf Begriffe aus dem Absatz würde ich auf einen Spickzettel schreiben?

Markiere diese Begriffe mit Leuchtstift. Sie sollten dir helfen, dich an den Inhalt zu erinnern. Überfliege die angestrichenen Wörter kurz. Du hast alles richtig gemacht, wenn du dabei gleich merkst: Aha, darum ging es in diesem Teil.

Laura lernt für ihre Biologie-Prüfung einen Text über Elefanten. Im ersten Absatz hat sie vier Stellen angestrichen. Lies den Absatz kurz durch:

> *Elefanten sind Säugetiere und werden zur Ordnung der Rüsseltiere gezählt. Sie sind die größten Lebewesen, die heute an Land leben. Die Besonderheiten von Elefanten sind zahlreich: So beträgt die Tragzeit einer Elefantenkuh im Durchschnitt knapp zwei Jahre, genauer gesagt 20 bis 22 Monate. Elefanten bringen ihr Junges meist inmitten der Herde zur Welt.*

Das bringt's:

Wenn du so vorgehst, kannst du rasend schnell wiederholen. Du schaust dir die gelb hervorgehobenen Begriffe an und weißt sofort wieder, worum es ging.

Probiere es gleich aus und überfliege jetzt nur die gelb markierten Wörter in Lauras Text. Merkst du, wie dir alles wieder einfällt?

Das Unterstreichen von wenigen Schlüsselwörtern bringt aber noch mehr: Du musst dir aktiv überlegen, was im Text stand und was besonders wichtig war. Dadurch zeigst du deinem Gehirn, was es sich merken soll – was es dann auch brav macht.

3. Schritt: Fasse in eigenen Worten zusammen, was du gerade gelesen hast

Wenn du einen Abschnitt gelesen und einige Schlüsselwörter markiert hast, kommt Schritt drei: Du erzählst dir, was du soeben gelesen hast. Plappere den Text nicht einfach nach wie ein Papagei. Es ist wichtig, dass du darüber nachdenkst und den Inhalt selbst formulierst.

Laura schließt kurz die Augen und sagt sich laut vor: „Okay, es geht da um Elefanten, das sind Säugetiere. Sie gehören zu den Rüsseltieren dazu. Das kann ich mir gut merken, weil sie ja einen Rüssel haben. Ah, genau: Die Elefanten sind etwas Besonderes, weil sie sehr groß sind und noch länger schwanger als Menschen – ich glaube, es waren 12 Monate."

Das bringt's:

Dein Gehirn liebt deine eigene Stimme! Du kannst dir Dinge viel besser merken, wenn du sie in eigene Worte fasst. Gleichzeitig bildest du beim Sprechen automatisch kürzere und einfachere Sätze. Diese helfen dir dabei, den Text besser zu verstehen und den Inhalt leichter abzuspeichern.

Durch das Wechselspiel zwischen lesen, nachdenken und wiedergeben beziehst du mehrere Kanäle mit ein. Du hast vielleicht im Kapitel „Gedächtnistricks: Bringe dein Gehirn auf Hochtouren" bereits gelesen, dass dies deinem Gehirn beim Abspeichern hilft.

Aber nicht nur das: Bei der Prüfung musst du nicht angestrengt überlegen, was du gelernt hast. In deinem Kopf sind bereits fertig ausformulierte Sätze abgespeichert.

Als wären das nicht schon genug Vorteile, steigerst du gleichzeitig deine Konzentration. Indem du zwischen lesen und erzählen abwechselst, driftest du nicht ab. Du verhinderst also, dass nur noch deine Augen weiterlesen, du aber mit den Gedanken schon woanders bist.

4. Schritt: Überprüfe, ob du dich an alles Wichtige erinnert hast

Damit sich dein Gehirn nichts Falsches einprägt, schaust du dir den Abschnitt noch einmal kurz an. Ist dir alles Wichtige eingefallen? Fehlt etwas Entscheidendes? Wenn ja, kannst du dir die fehlenden Punkte nun laut vorsagen.

Laura wirft nochmals einen Blick auf den Text und spricht dabei laut mit sich selbst: „Ja, das mit den Rüsseltieren stimmt, ‚Säugetiere' wusste ich auch – oh, die sind ja noch länger schwanger, als ich gedacht habe. 20 bis 22 Monate – das sind ja fast zwei Jahre! Okay, gleich wiederholen: 20 bis 22 Monate. Wie lange ist die Tragzeit? 20 bis 22 Monate. Jetzt hab ich's."

Das bringt's:

Durch das rasche Überprüfen wiederholst du gleich nochmal die wichtigsten Inhalte und kannst Fehler korrigieren.

Gleichzeitig vermittelt dir dieser Schritt ein Gefühl dafür, wie gut du den Stoff verstehst und abgespeichert hast. Das macht Spaß („Wow, ich kann mich an so vieles erinnern!") und schenkt dir Sicherheit.

5. Schritt: Gehe dem Inhalt auf den Grund

Du verstehst den Stoff noch besser und kannst ihn länger im Gedächtnis behalten, wenn du fieberhaft darüber nachdenkst. Dafür möchten wir dir gerne mehrere Möglichkeiten vorstellen. Such dir eine aus, die dir gefällt.

Finde eine Überschrift

Clevere Lernprofis füttern ihr Gehirn mit System! Sie überlegen sich zum Beispiel für jeden größeren Abschnitt eine Überschrift oder einen Oberbegriff. Dazu fragen sie sich: Was haben diese Inhalte gemeinsam? Worum geht es? Gibt es ein Wort oder einen Satz, der den Inhalt gut zusammenfasst? Dann schreiben sie dies kurz über jedem Absatz auf. Du kannst dir auch überlegen, welchen Titel eine Reporterin für diesen Abschnitt wählen würde.

Die Überschriften oder Oberbegriffe helfen dir, dich im Text schnell zurechtzufinden.

Wie sieht es bei Laura aus?

Sie überlegt sich: „Worum geht es in diesem Absatz? Hm. Da steht, zu welcher Gruppe im Tierreich Elefanten gehören. Auch wie die Kälber zur Welt kommen und sich entwickeln. Okay – wie formuliere ich das kurz? Ich nehme mal ‚Zuordnung und Entwicklung' als Überschrift. Das schreib ich gleich da drüber."

Suche eigene Beispiele

Damit du dir neue Infos direkt merken kannst, frage dich am besten: „Was geht mich dieses Thema an? Kenne ich so etwas Ähnliches schon? Fallen mir eigene Beispiele ein?"

Sehen wir uns an, wie Laura diesen Tipp umsetzt:

Ihr fällt es schwer, die verschiedenen Elefantenarten in ihrem Text auseinanderzuhalten: Asiatische Elefanten haben beispielsweise kleinere Ohren, afrikanische Elefanten haben große Ohren. Laura fragt sich, ob sie zu diesen Infos eigene Beispiele kennt. Sie erinnert sich an den letzten Ausflug in den Zoo Zürich. Dieser ist bekannt für seine asiatischen Elefanten. Weil es an diesem Tag so heiß war, wedelten die Dickhäuter mit ihren kleinen Ohren. Das sah lustig aus!

Laura hat ihrem Gehirn auf die Sprünge geholfen: Sie hat die neue Info „Asiatische Elefanten – kleine Ohren" mit einem eigenen Beispiel, einem Bild, einem Erlebnis verknüpft.

Vergleiche den Stoff mit deinen Lernzielen

Falls du Lernziele oder Fragen aus alten Prüfungen hast, kannst du dein Wissen nach einigen Abschnitten auf die Probe stellen. Suche nach Fragen, die zu diesem Stoff-Abschnitt passen, und überlege, was dir dazu einfällt.

Denke dir Prüfungsfragen aus

Du hast keine alten Tests zu diesem Thema? Dann überlege dir zu jeder Seite, was deine Lehrkraft wohl dazu fragen könnte und ob du die Antwort darauf wüsstest. So schaltest du den Gehirn-Turbo ein und merkst dir viel mehr.

Triff dich mit einer Lernpartnerin

Als letzten Schritt kannst du dich auch von jemandem abfragen lassen.

Dein/e Lernpartner/in oder ein Elternteil kann dir ein Thema vorgeben. Zum Beispiel: „Erzähle mir etwas über den Körperbau der Elefanten." Wenn du alles vorgetragen hast, was dir einfällt, kann dein Gegenüber noch genauer nachhaken: „Sehr gut! Kannst du mir noch etwas über die Unterschiede zwischen den verschiedenen Elefanten-Arten sagen?"

Wenn du mit jemandem zusammen lernst, könnt ihr euch abwechseln: Die eine Person erzählt, die andere hört zu und fragt nach. Beim nächsten Thema tauscht ihr die Rollen. Indem du zwischen Zuhören und Erzählen abwechselst, benutzt du wieder verschiedene Bereiche deines Gehirns. Vielleicht hast du auch Lust zu prüfen, wie gut deine Eltern über ein Thema Bescheid wissen, wenn sie die Unterlagen nicht vor sich haben ☺.

Die allerwichtigste Regel beim Lernen von Texten lautet:

Lerne möglichst aktiv, anstatt dir den Text passiv reinzuziehen.

In unserem Video führen dir Adi & Jess nochmals die wichtigsten Schritte vor. Gleich reinschauen auf: www.mein-clever-lernen.com

Das Sahnehäubchen: eine gute Zusammenfassung

Schreibst du gerne? Bereitest du dich auf Prüfungen vor, indem du Hefteinträge und Buchseiten zusammenfasst? Dann möchten wir dich in die Geheimnisse einer guten Zusammenfassung einweihen.

Wusstest du, dass sogar viele Studierende nicht wissen, wie man Texte zusammenfasst, und sich dabei wie blutige Anfänger anstellen? Sie schreiben einfach den ganzen Stoff ab und lassen die Beispiele weg. Aus 15 Buchseiten machen sie eine Zusammenfassung von 13 Seiten. Sie haben dann zwar das Gefühl, etwas gemacht zu haben, und kommen sich fleißig vor – aber eigentlich verschwenden sie nur ihre Zeit. Das soll dir nicht passieren.

Eine gute Zusammenfassung ist kurz und knackig. Und sie hilft dir schon beim Schreiben dabei, dir sehr vieles zu merken. Das Wichtigste dabei:

Mehr denken, weniger schreiben.

Wenn du einfach nur stupide abschreibst, schaltet dein Gehirn in den Schlummermodus. Es merkt gar nicht, dass es sich das einprägen soll, was du gerade so fleißig abpinselst.

Deswegen zeigen wir dir eine Methode, die dich zum Nachdenken bringt.

Und so geht's:[12]

Du benötigst normale Blätter und einen Stift. Wenn du möchtest, kannst du auch buntes Papier verwenden und für jedes Thema eine neue Farbe wählen. Zuerst zeichnest du ganz oben eine kleine Box: Darin notierst du das Schulfach, das aktuelle Thema sowie das Datum. Bei „Seite" schreibst du hinein, ob es das erste, zweite oder dritte Blatt deiner Zusammenfassung ist. So hast du am Ende einen guten Überblick und kannst die Blätter leicht sortieren. Laura beginnt ihre Zusammenfassung zum Thema „Elefanten" so:

12 Was nun folgt, ist eine abgewandelte Form der bekannten „Cornell-Methode" nach Walter Pauk (2013).

Nun zeichnest du eine schmale Spalte auf dein Papier. In diesem Bereich vermerkst du den Oberbegriff oder die Überschrift eines Abschnittes. Wenn du die Lesestrategie auf den letzten Seiten verwendest, sollte dir das nicht schwerfallen. Du hast dir schließlich schon pro Abschnitt eine passende Überschrift überlegt! Nimm nur wenige Überschriften oder Oberbegriffe – sie helfen dir später beim Wiederholen der wichtigsten Punkte.

Laura hatte den ersten Absatz zum Thema „Elefanten" gelesen. Dabei hatte sie Schlüsselwörter markiert und sich die Frage gestellt, welche Überschrift den Inhalt des Abschnittes am besten wiedergibt. Beim ersten Abschnitt entschied sie sich für „Zuordnung und Entwicklung". Deshalb notiert sie Folgendes:

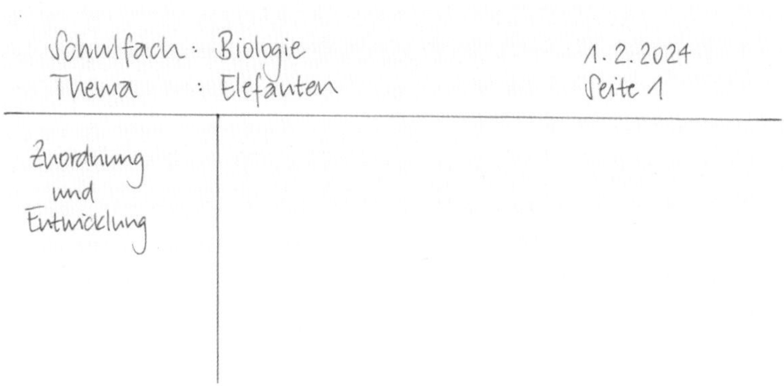

Nun kannst du in der breiten rechten Spalte die wichtigen Punkte aus dem Text sammeln. Am besten siehst du nach, welche Wörter du im jeweiligen Abschnitt unterstrichen hast. Achte aber darauf, dass du keine ganzen Sätze notierst, sondern nur Stichwörter. Fasse dich so knapp wie möglich – dein Gehirn mag schließlich kleine Portionen!

Laura füllt die rechte Spalte mit den wichtigsten Punkten aus dem ersten Absatz:

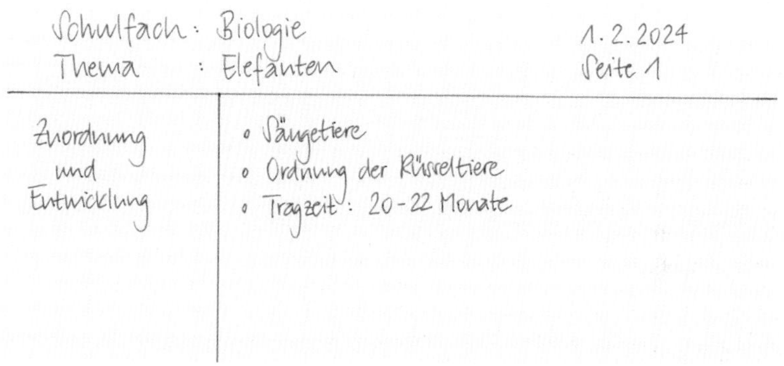

Jetzt kannst du aus deinem Text Abschnitt für Abschnitt die Oberbegriffe oder Überschriften in deine Zusammenfassung eintragen und die passenden Stichwörter notieren. Genauso wie Laura solltest du darauf achten, dass du einen Abstand zwischen den verschiedenen Themen lässt:

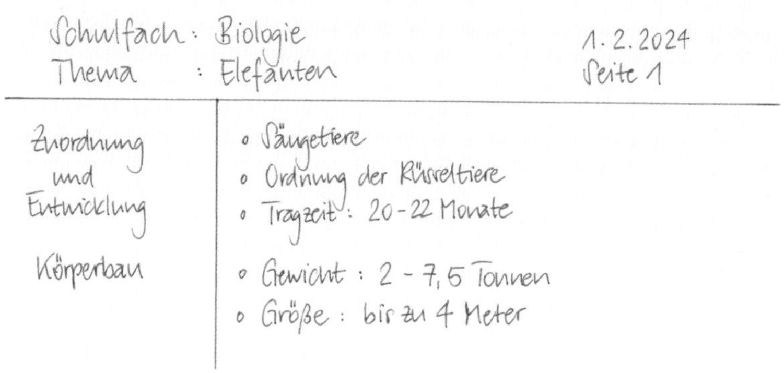

Wenn du fertig bist, zeichnest du einen dicken Strich unter deine Zusammenfassung. Darunter kannst du deine eigenen Gedanken festhalten, zum Beispiel:

- Fragen, die die Lehrkraft in der Prüfung stellen könnte,
- eigene Überlegungen und Ideen,
- Verbindungen zu anderen Themen aus dem Unterricht,
- eigene Beispiele zu diesem Gebiet.

Bei Laura sieht das Ganze so aus:

Prüfungsfragen: „Welche Elefantenarten gibt es?"
„Wie groß und schwer werden Elefanten?"
„Nenne drei besondere Eigenschaften!"

Eigene Ideen: => Evtl. vom Aussterben bedroht wegen Elfenbein?
=> Elefanten in Filmen sind meist asiatische Elefanten (kleinere Ahren! Können dressiert worden!)

Deine Zusammenfassung ist nun fertig! Clevere Lernprofis nutzen diese zur Prüfungsvorbereitung. Dazu decken sie die rechte, breite Spalte ab. Sie lesen jeweils einen Oberbegriff am Rand, zum Beispiel „Körperbau", und prüfen, ob sie sich an alle wichtigen Punkte erinnern. Am Ende testen sie mithilfe der Prüfungsfragen ganz unten, ob ihr Wissen sitzt.

Hier siehst du, wie du mit der Zusammenfassung lernen oder dich selbst abfragen kannst.

Mit der Zusammenfassung lernen:

Schulfach: Biologie — 1.2.2024
Thema: Elefanten — Seite 1

Zuordnung und Entwicklung	∘ Säugetiere ∘ Ordnung der Rüsseltiere ∘ Tragzeit: 20–22 Monate
Körperbau	∘ Gewicht: 2 – 7,5 Tonnen ∘ Größe: bis zu 4 Meter
Arten	∘ 3 lebende Arten: – Afrikanischer Savannenelefant – Waldelefant – Asiatischer Elefant
Verbreitungsgebiete	∘ Afrikanischer Savannenelefant: früher: afr. Kontinent; heute: 4 getrennte Populationen ∘ Waldelefant: Regenwälder Westafrikas ∘ Asiatischer Elefant: früher: China, Syrien; heute: Sri Lanka, Sudaninseln
Wesenszüge	∘ sehr sozial ∘ intelligent • können "Fremdsprachen" erlernen ∘ Linksrüssler und Rechtsrüssler

Prüfungsfragen: "Welche Elefantenarten gibt es?"
"Wie groß und schwer werden Elefanten?"
"Nenne drei besondere Eigenschaften!"

Eigene Ideen: => Evtl. vom Aussterben bedroht wegen Elfenbein?
=> Elefanten in Filmen sind meist asiatische Elefanten (kleinere Ohren! Können dressiert werden!)

Das eigene Wissen mit der Zusammenfassung prüfen:

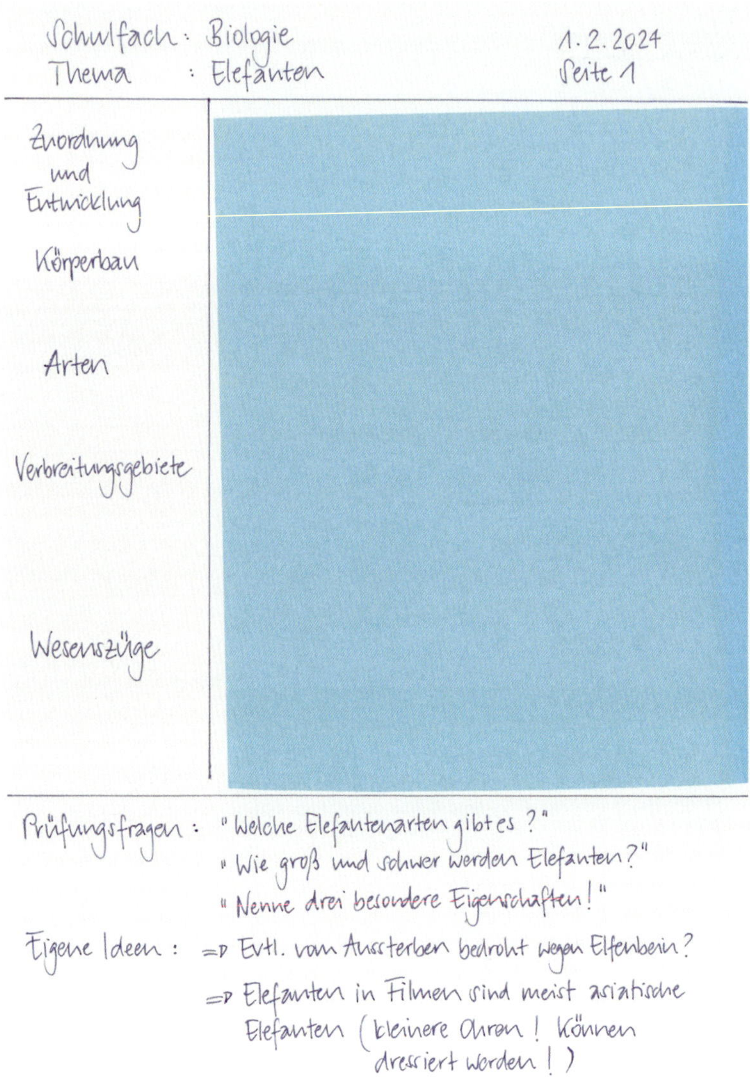

Abkürzungen wie in der folgenden Tabelle können dir beim Zusammenfassen unnötige Schreibarbeit ersparen. Du kannst auch eigene Zeichen erfinden, die du logisch findest.

Abkürzung	Bedeutung
→	führt zu
←	kommt von
?	Frage
Bsp.	Beispiel
ca.	circa / ungefähr
+	mehr
–	weniger
!	Achtung, wichtig
≙	das Gleiche / entspricht

Na siehste, du bist der beste Lernpartner, den ich je hatte!
Ratter
Ratter
Ratter

So wirst du mit links zum Fremdsprachen-Checker

Dieses Kapitel besteht aus zwei Teilen. In Teil eins zeigen wir dir, wie du deine Fremdsprachen-Noten aufmotzt.

Im zweiten Teil stellen wir dir Möglichkeiten vor, die über die nächste Note hinausgehen. Du lernst neue, kreative Wege kennen, die dich in einer Sprache voranbringen und dir Lust auf mehr machen. Vielleicht kannst du dir kaum vorstellen, dass es Erwachsene gibt, die das Sprachenlernen als Hobby betreiben. Willst du wissen, warum das diesen Leuten so viel Spaß macht, dass sie sogar ihre Freizeit dafür hergeben? Wir verraten es dir. Wenn du diese Tipps ausprobierst, wirst du staunen: Plötzlich lernen sich Vokabeln und Grammatik fast von alleine.

Teil 1: Wie du deine Noten aufpolierst

Hagelt es schlechte Bewertungen in Diktaten oder Grammatik-Tests? Dann kannst du deine Note ausgleichen, indem du in der Vokabel-Prüfung glänzt. Wir zeigen dir gleich die Profi-Variante.

Mit Vokabeln glänzen

Seien wir ehrlich: Vokabeln lernen ist keine spannende Sache. Falls du es trotzdem gerne machst, bist du echt ein Nerd (herzlichen Glückwunsch! Ich, Steffi, war auch so jemand).

Für alle anderen gilt: Wenn es schon keinen Spaß macht, dann sollte es schnell gehen. Jeder der folgenden Tipps trägt dazu bei, dass sich die Vokabeln schneller in deinem Gehirn einnisten und sich kaum mehr vertreiben lassen.

Ein Portiönchen nach dem anderen

Von einer kompletten Liste mit neuen Vokabeln fühlt sich dein Gehirn erschlagen. Wer schnell vorankommen möchte, lernt Vokabeln in kleinen Portionen.

Tanja stellt sich nicht besonders clever an. Sie muss einen Vokabel-Test vorbereiten und nimmt sich vor, die Wörter der gesamten Lektion an einem Nachmittag auswendig zu lernen. Am Donnerstag nach der Schule sitzt sie da, bis ihr die Augen tränen. Unzählige Male fährt sie mit einem leeren Blatt über die Seiten ihres Vokabel-Hefts und versucht sich krampfhaft zu erinnern. Irgendwann gibt sie frustriert auf.

Tanja kann noch so sprachbegabt und schlau sein – wenn sie so lernt, stellt sie sich selbst ein Bein.

Während Tanja noch mit schwerem Kopf über dem Schreibtisch brütet, ist ihre Zwillingsschwester Anja längst fertig. Der Unterschied liegt in einem kleinen Trick: Anja verfüttert ihrem Gehirn einen kleinen Happen nach dem anderen.

Wenn Anja 30 Vokabeln lernen muss, teilt sie diese in sechs Fünferpakete auf. Und so geht sie vor:

1. Anja nimmt drei Vokabel-Karten aus dem ersten Fünferblock und lernt diese: Sie liest das Wort und die Übersetzung, macht die Augen zu und sagt sich beides aus dem Gedächtnis laut vor. Bei der zweiten Vokabel macht sie genau dasselbe. Anstatt bereits zur dritten weiterzugehen, wiederholt sie gleich nochmal die ersten beiden. Dann knöpft sie sich die dritte vor.

2. Sobald sie die ersten drei beherrscht, nimmt sie Vokabel vier hinzu, dann Nummer fünf. Dabei wiederholt sie immer wieder das gesamte Paket.

3. Am Schluss des Pakets prüft Anja, ob sie alle fünf Vokabeln mit Übersetzung aus dem Gedächtnis aufsagen kann, ohne dabei auf die Karten zu schielen.

4. Nun macht sie eine Pause oder erledigt die Hausaufgaben eines anderen Fachs.

5. Nach der Unterbrechung wiederholt sie nochmals kurz das erste Fünferpaket aus dem Gedächtnis und nimmt dann das zweite Päckchen in Angriff.

6. Nachdem sie alle Päckchen auf diese Weise gelernt hat, mischt sie die Karten und fragt sich selbst nochmals alle Wörter ab.

Anjas Vorgehen sieht auf den ersten Blick aufwändiger aus. Aber durch die kleinen Portionen und die vielen Wiederholungen sprießen die Verbindungen in ihrem Gehirn in Windeseile und bilden ein dickes Netz: Während Tanja die Vokabeln nach der Prüfung wieder vergessen hat, kann sich Anja noch lange auf ihr gut abgespeichertes Wissen verlassen.

- Lerne die Vokabeln in kleinen Paketen mit maximal fünf Wörtern.
- Wiederhole rasch und oft.
- Sage dir bei einem Fehler sofort die richtige Übersetzung laut vor.
- Ruf dir die Wörter aktiv in Erinnerung – zum Beispiel mit der Frage: „Welche drei Vokabeln habe ich soeben gelernt?"

Das alles hilft deinem Gehirn dabei, in kürzester Zeit dicke und verlässliche Verbindungen aufzubauen.

Du kannst zusätzlich Fehler vermeiden, wenn du bei Nomen jeweils die Artikel mitlernst („der Apfel – la pomme" anstatt „Apfel – pomme"). Bei Verben solltest du die kleinen, unscheinbaren Wörter mitlernen („jemanden bei etwas unterstützen – to support somebody in ..."). So gibst du deinem Gehirn das Signal: Achtung, das gehört zusammen! Merk dir das bitte!

Um dir das Schriftbild einzuprägen, ist es hilfreich, wenn du die Wörter schreibst oder sie so aussprichst, wie man sie schreibt. Du kannst auch die Augen schließen und versuchen, dir das Schriftbild vorzustellen – als wäre die Vokabel auf einer Tafel oder einem Blatt Papier geschrieben. Sprich dabei mit dir selbst: „der

Bruder: le frère – da muss ich aufpassen, dass ich das accent grave auf dem ersten e schreibe – das höre ich, weil es wie ein ä klingt: Fräää r."

Du willst mehr Schwung in die Sache bringen? Dann singe dir die Vokabeln zur Melodie deines Lieblingslieds vor oder verpacke sie in einen Rap. Dein Gehirn liebt solche Albernheiten und wird dich dafür belohnen!

Wenn du tote Zeit im Alltag nutzen möchtest, um die Vokabeln abzuhaken, kannst du mithilfe von Apps unterwegs lernen. Dazu eignen sich kostenlose Vokabel-Trainer für das Smartphone wie Quizlet. Diese App übernimmt zusätzlich die Funktion eines Karteikasten-Systems bzw. Zettelkastens.

Die Unterrichtszeit nutzen

Wir, Stefanie und Fabian, können uns noch gut an unseren Fremdsprachen-Unterricht erinnern. Die Grammatik-Lektionen liefen über Jahre hinweg gleich ab. Der Reihe nach wurden wir aufgerufen und mussten einen Satz aus einer Grammatik-Übung vervollständigen. Die meisten von uns haben jeweils abgezählt, wann sie dran sind („Aha – ich muss Satz 17 machen"), haben diesen Satz vorbereitet und sich dann in Gedanken mit etwas anderem beschäftigt. Blöd nur, dass die Lehrkraft einem Schüler manchmal zwei Sätze zugemutet hat. Ganz selbstbewusst hat man Satz 17 vorgetragen, worauf der Lehrer meinte: „Den hatten wir soeben. Wir sind bei Satz 18."

Ich, Fabian, war pro Grammatik-Lektion cirka drei Minuten geistig anwesend.

Der Nachteil war, dass ich den ganzen verpassten Stoff für die Prüfungen zu Hause lernen musste. Zeit, die ich lieber in ein tolles Videogame investiert hätte.

Wir haben in den letzten Jahren festgestellt: Es gibt nichts Besseres, um gleichzeitig die Noten aufzubessern und mehr Freizeit zu schaffen, als im Unterricht geistig anwesend zu sein und mitzumachen. Das hat mehrere Vorteile:

- Du hast einen großen Teil des Stoffs bereits gelernt und musst ihn für die Prüfung nur noch auffrischen.

- Die Unterrichtsstunde wird interessanter – das Gefühl der quälenden Langeweile nimmt ab.
- Wenn du aktiv bist, vergeht die Zeit schneller.
- Deine Lehrkraft belohnt dich mit guten Mitarbeits-Noten.
- Du erlebst im Unterricht seltener peinliche Situationen der „Äh-wo-waren-wir?"-Art.

Es hilft dir, wenn du dir für Ätz-Fächer ein Ziel setzt wie: „Ich melde mich heute drei Mal!" oder „Ich will heute diese Grammatik-Übung verstanden haben". Das bringt dein Gehirn in einen aufnahmebereiten Zustand.

Geheim-Tipp für Vollprofis

Als letzten Noten-Verbesserungs-Tipp möchten wir dir ein Geheimnis verraten. Es ist nicht so leicht, diesen Trick zu verstehen und anzuwenden – für die nächsten Seiten brauchst du daher volle Konzentration. Falls du gerade ein bisschen müde bist, liest du die folgenden Seiten besser ein andermal.

Erinnerst du dich an die Zielscheibe aus dem Kapitel „Mit wenig Aufwand viel erreichen“? Dort hast du erfahren, dass du zu besseren Noten kommst, wenn du beim Lernen auf das Wichtigste fokussierst. Ein solcher Treffer ins Schwarze kann dir auch beim Sprachenlernen gelingen. Achte darauf, welche Fehler dich am meisten Punkte kosten. Und so gehst du vor:

- Nimm einmal pro Jahr alle Tests, Aufsätze und Diktate hervor, die du in diesem Jahr in Deutsch bzw. einer Fremdsprache geschrieben hast.
- Schau dir alle Fehler an, die die Lehrkraft korrigiert hat. Versuche nun, die Fehler in Kategorien einzuteilen.
- Schau dir die Fehlerverteilung an und frage dich: Gibt es einen Fehler, den ich immer wieder mache? Und gibt es zu meinem Lieblingsfehler eine Regel, die ich lernen könnte?
- Wiederhole diese Regel/n und bearbeite einige Grammatik-Übungen dazu. Diese findest du in deinem Buch oder im Internet.

Es ist wirklich erstaunlich: Oft kannst du mit dem Ausmerzen eines einzigen Fehlertyps ungeahnte Erfolge erzielen. Vielleicht merkst du bereits beim Anschauen der Fehler, dass du in jeder einzelnen Prüfung besser abgeschnitten hättest, wenn du nicht immer über die gleiche Grammatik-Regel gestolpert wärst.

Im Französischen haben wir beispielsweise bei sehr vielen Jugendlichen festgestellt, dass sie regelmäßig die Grundform und die Vergangenheitsform verwechseln, weil diese gleich klingen. Sie schreiben „il a travailler“ anstatt „il a travaillé“ – also „er hat arbeiten“ anstatt „er hat gearbeitet“. Weil diese Vergangenheitsform so oft vorkommt, sammeln viele Schüler/innen auf einer einzigen Seite bereits fünf bis zehn Fehler dieses Typs.

Anstatt dich darüber zu ärgern, dass du „schon wieder“ so viele Fehler hast, kannst du die riesige Chance darin entdecken: „Wenn ich nur einen Nachmittag einsetze, um diese Regel zu verinnerlichen, werde ich in jeder einzelnen Prüfung der nächsten Jahre besser sein!“

Hast du eine Regel gefunden, die du dir unbedingt einprägen solltest? Dann kannst du es dir gleich mit dem folgenden Vorgehen leichter machen. Es eignet sich auch, wenn du eine neue Grammatik-Regel in der Schule durchnimmst und sie für einen Test lernen musst.

1. Schritt: Regel auswendig lernen

Lars hat bemerkt, dass er mit den Vergangenheitsformen im Englischen oft durcheinanderkommt. Er knöpft sich zuerst die einfache Vergangenheitsform *simple past* vor. Im Heft findet er die folgende Regel und lernt sie auswendig:

> Verwendung des ***simple past:***
>
> Ereignisse und Handlungen, die in der Vergangenheit stattgefunden haben und schon abgeschlossen sind.
>
> ***Endung: -ed*** (talk → talked; watch → watched)
>
> Für alle Personen gleich (I, you, he, she, it, we, you, they watched)

2. Schritt: Kleine Helfer suchen

Für die meisten Grammatik-Regeln gibt es kleine Helfer: Signalwörter, die dir anzeigen, welche Form du nutzen musst. Lars hat im Internet nach „Signalwörter *simple past*" gesucht und folgende Ergebnisse erhalten:

> Signalwörter ***simple past:***
>
> ***Last*** year / month / week
>
> an hour / a week / a month / a year ***ago***
>
> ***in*** 1990
>
> ***when*** I was ***10 years old*** ...

Lars prägt sich diese Signalwörter ein. Sie werden ihm später dabei helfen, die richtige Zeitform anzuwenden, ohne dass er groß nachdenken muss.

3. Schritt: Ausnahmen auswendig lernen

In den Fremdsprachen triffst du immer wieder auf Ausnahmen. Lehrkräfte verstecken sie nur allzu gerne in der Prüfung, um zu schauen, ob du genau gelernt hast.

Lars findet beispielsweise diese wichtigsten Ausnahmen bei der Bildung des *simple past*:

> Ausnahmen / wichtigste unregelmäßige Verben im *simple past*:
>
> do – did
>
> have – had
>
> go – went
>
> hear – heard
>
> speak – spoke
>
> leave – left
>
> …

Du kannst dir diese Ausnahmen auf bunte Zettel schreiben und sie am Badezimmerspiegel oder auf dem Klo aufhängen. So wirst du mehrmals am Tag daran erinnert.

4. Schritt: Übungen zu einer Grammatik-Regel machen

Clevere Lernprofis konzentrieren sich immer auf nur eine Grammatik-Regel. Sie üben diese so lange, bis sie sie blitzschnell und ohne nachzudenken anwenden können. Erst dann lernen sie eine neue Grammatik-Regel.

Lars hat seinen Lehrer um Übungsblätter zum *simple past* gebeten und sich im Internet einige Übungsblätter mit Lösungen gesucht. Nach ein paar Tagen sitzt das simple past, und er kann mit dem Üben zu seinem zweithäufigsten Fehler übergehen.

Du kannst auch alte Grammatik-Übungen aus dem Unterricht für dein Training nutzen. Nimm dazu einen Lückentext und klebe die bereits ausgefüllten Lücken mit kleinen Post-it-Zetteln ab. Versuche nun, in jeder Lücke die richtige Zeitform auf den Zettel zu schreiben, und kontrolliere gleich nach, ob du richtig liegst.

Es geht bei der Grammatik eigentlich immer darum, dass du die folgenden Fragen beantworten kannst:

1. Wie bilde ich die Form?
2. Wann wird sie angewendet? Gibt es bestimmte Signalwörter, die mir anzeigen, dass ich genau diese Form anwenden muss?
3. Welche Ausnahmen gibt es?

Wichtige Grammatik-Regeln müssen dir in Fleisch und Blut übergehen!

Eine Grammatik-Regel sitzt dann wirklich, wenn du ein Gefühl dafür entwickelt hast und es automatisch richtig machst. Es reicht nicht aus, einfach nur die Regel zu kennen. Um auf diese Stufe zu kommen, benötigst du Übung. Dabei helfen dir neben Grammatik-Übungen auch die folgenden Tipps, die wirklich Spaß machen.

Teil 2: Stürze dich ins Abenteuer Fremdsprache!

Um das Abenteuer Sprache genießen zu können, musst du den Blick weiten.

Was passiert, wenn du dir sagst: „Ich möchte Englisch lernen! Am Ende meiner Schulzeit will ich diese Sprache fließend sprechen und gut schreiben können!"? Du bekommst einen Energieschub. Der Unterricht wird zu einer Möglichkeit, deinem Ziel näher zu kommen.

Wenn du dich immer nur von Prüfung zu Prüfung schleppst und dir die Noten am wichtigsten sind, wird das Lernen mühsam und stressig. Du hast das Gefühl, dass du immer nur „musst".

Möchtest du dein Englisch oder Französisch nebenher aufbessern? Kein Problem!

Sprachen lernen? Mach ich so nebenbei.

Während wir dieses Buch schreiben, haben wir Ähnlichkeiten in unserer Schulzeit entdeckt: Irgendwann kam jeder von uns auf die Idee, ein Buch auf Englisch zu lesen. Bei mir, Stefanie, war es die Ungeduld. Ich konnte einfach nicht abwarten, bis der neue Harry-Potter-Band endlich auf Deutsch erschien. Bei mir, Fabian, war es der Wunsch, mein Lieblingsbuch *Der Herr der Ringe* im Original zu lesen. Der Entschluss war schnell gefasst: Ran an die englischsprachigen Bücher! Wir waren beide unglaublich stolz, als wir feststellten: Hey, man versteht ja, was da drinsteht!

Von da an lasen wir englischsprachige Bücher zum Spaß, und vieles ging plötzlich von alleine:

- Wir mussten deutlich weniger Vokabeln büffeln.
- Wir bekamen ein Gefühl für die Sprache, die Grammatik und den Satzbau.
- Die Lektüre, die wir für die Schule lesen mussten, war kein Problem mehr.
- Viele Wörter waren uns in den Büchern so oft begegnet, dass wir sie automatisch richtig schrieben.
- Wir wurden beim Lesen in dieser Sprache immer schneller.

Als schöner Nebeneffekt verbesserten sich die Noten, während wir immer weniger für einzelne Prüfungen zu lernen brauchten.

Auch später zahlte es sich aus, dass wir uns auf die Sprache und nicht nur auf die Noten konzentrierten. Im Psychologie-Studium waren fast alle Texte auf Englisch. Ein Glück, dass wir uns während der Schulzeit durch so viele Bücher gefressen hatten.

Falls dir ein komplettes Buch noch zu schwierig ist, kannst du dir auch Comics oder Mangas auf Englisch oder Französisch besorgen. Oder du liest etwas, das du bereits kennst, in der Originalsprache. Vielleicht warst du früher Greg-Fan und hast Lust, dir die Tagebücher auf Englisch reinzuziehen. Wenn dir der Inhalt schon vertraut ist, verstehst du vieles automatisch und lernst in Windeseile neue Vokabeln.

Gönn deinen Ohren ein gutes Hörbuch

Einer der besten Wege, eine Sprache zu lernen, ist das Zuhören. Unser Tipp: Lade dir passende Hörbücher in der Fremdsprache herunter.

Seit so viele Erwachsene in ihrer Freizeit Sprachen lernen, werden laufend neue Geschichten als Hörbuch herausgebracht. Manche hat man sogar extra für das Sprachenlernen überarbeitet – so, dass man zum Beispiel eine spannende Handlung mit dem Grundwortschatz verstehen kann. Du siehst auf solchen Hörbüchern jeweils, für welches Sprachniveau sie gedacht sind. Beginne mit dem einfachsten (A1 oder Stufe 1) und steigere dich langsam, bis du die Originale verstehst.

Vielleicht hast du auch Lust, dir deine Lieblingsbücher in englischer Sprache vorlesen zu lassen.

Mach dir keinen Kopf, wenn du nicht alles verstehst. Zu Beginn wirst du vielleicht nur die grobe Handlung mitbekommen. Entspann dich und genieße es, dass du einiges – und mit der Zeit immer mehr – verstehst.

Du kannst die Texte auch mehrmals abspielen. Dabei wirst du feststellen, dass du mit jedem Mal tiefer in die Geschichte eintauchen kannst.

Wenn du dir regelmäßig fremdsprachige Geschichten und Gespräche anhörst, trainierst du dein Ohr. Du verstehst die gesprochene Sprache besser und schneller. Du entwickelst ein Gespür für den Klang und die Aussprache und frischst ganz nebenbei deinen Wortschatz auf. Gleichzeitig hörst du neue Wörter. Einige kannst du aus dem Zusammenhang erschließen, bei anderen wirst du neugierig und freust dich, wenn sie beim Vokabeln-Lernen auftauchen. Weil du sie bereits gehört hast, wirst du sie dir viel schneller einprägen können. Die Fremdsprache wird lebendig und mit positiven Gefühlen und interessanten Geschichten verknüpft.[13] Dein Gehirn wird alles aufsaugen wie ein trockener Schwamm.

Du möchtest den Gehirn-Turbo anwerfen? Dann probiere die folgenden Varianten aus und nutze das mehrkanalige Lernen:

Hören und Nachsprechen

Es gibt tolle Programme, bei denen Muttersprachler/innen einfache Sätze vorsprechen und dann eine Pause machen, damit du sie nachsprechen kannst. Auf diese Weise wirst du sicherer bei den Formulierungen und in der Grammatik und übst die korrekte Aussprache.

> Möchtest du einige Empfehlungen von uns? Dann besuche unsere Webseite:
> www.mein-clever-lernen.com

13 vgl. Steiner, 2014

Lesen und Hören

Viele Geschichten gibt es als Buch und zusätzlich als Hörbuch. Starte das Hörbuch, lass dir die Geschichte erzählen, und lies dabei im Buch mit. Du wirst staunen, wie gut du mitkommst. Gleichzeitig freut sich dein Gehirn, weil es verschiedene Bereiche nutzen kann und sich ganz nebenbei das Schriftbild der Wörter einprägt. (Achte darauf, dass das Buch und das Hörbuch als zusammengehöriges Bündel verkauft werden. Wenn du irgendein Hörbuch zu einem Buch kaufst, kann es sein, dass der Hörtext verändert oder stark gekürzt ist, sodass du nicht eins zu eins im Buch mitlesen kannst.) Falls du einen Streaming-Dienst wie Spotify zum Musikhören nutzt, findest du über die Suchfunktion eine Menge verschiedener Hörbücher. Schau, dass du die ungekürzte Fassung erwischst, damit sie zum Buch passt.

Die Mischung macht's

Du kannst die verschiedenen Varianten kombinieren. Finde den richtigen Mix aus Lesen, Hören, Nachsprechen und Üben.

Die fünfzehnjährige Lia will nächstes Jahr ein Austauschsemester in Amerika verbringen. Sie hat sich vorgenommen, bis dahin so gut Englisch zu können, dass sie sich mit ihrer Gastfamilie unterhalten und dem Unterricht an der Highschool folgen kann. Lia weiß: Das ist ein ehrgeiziger Plan. Aber große Herausforderungen haben sie schon immer motiviert.

Nächste Woche beginnen die Sommerferien, und Lia will die Zeit nutzen, um ihr Englisch auszubauen. Sie möchte dabei möglichst viel Spaß haben und die Sache ferienmäßig entspannt angehen.

Sie geht auf Einkaufstour und besorgt sich

- zehn spannende Hörbücher,
- vier der Hörbücher zusätzlich als gedrucktes Buch,
- eine Sprachkurs-App mit Grammatik-Übungen und Alltagsgesprächen zum Nachsprechen.

Lias Eltern sind begeistert und greifen tief in den Geldbeutel, um sie zu unterstützen. (Falls deine Eltern dieses Buch für dich gekauft haben, lässt sich ihr Geldbeutel für solche Projekte sicherlich auch anzapfen.

Vergiss nicht, das eine oder andere englischsprachige Computergame oder eine spannende Zeitschrift auf die Liste zu packen. Denk daran, auch brav „thank you very much" zu sagen. Falls sich kein/e Spender/in finden lässt: Es gibt im Internet mittlerweile eine Flut von kostenlosen Hörbüchern, Geschichten und Videos. Du brauchst einfach etwas mehr Ausdauer, um das Richtige für dich aufzutreiben. Wie du fündig wirst, brauchst du dir von alten Leuten wie uns ja nicht erklären zu lassen.)

Lia hat sich für die Sommerferien den folgenden Crashkurs verordnet:

- Am Morgen schaltet sie ihr Smartphone ein und gönnt sich gemütlich im Bett 15 bis 20 Minuten eines Hörbuchs.
- Vor dem Mittagessen übt sie 20 Minuten lang mit ihrer Sprach-App. In der ersten Hälfte spricht sie Sätze nach, in der zweiten Hälfte gibt's eine mündliche Grammatik-Übung. Sie achtet auf genügend Wiederholungen, bis ihr die Sätze in Fleisch und Blut übergehen.
- Wenn sie mit ihrem Hund spazieren geht, malt sich Lia ihre Reise nach Amerika in Gedanken aus. Sie stellt sich typische Gespräche mit der Gastfamilie und ihren neuen Freunden vor und überlegt sich, was sie sagen könnte. Ab und zu schaut sie ihr unbekannte Wörter auf der Wörterbuch-App ihres Smartphones nach.
- Am Abend liest sie 15 Minuten im Bett. Dabei nimmt sie gerne das Buch, von dem sie am Morgen das

Hörbuch gehört hat. Manchmal hat sie den Hör-Text gut verstanden und kann es gar nicht erwarten, in der Geschichte voranzukommen. Dann liest sie einfach weiter. Wenn sie Mühe hatte mit dem Hörbuch, liest sie dieselbe Textstelle.

Lia ist erstaunt, wie viel sie in diesen Wochen dazulernt. Besonders im Sprechen wird sie sicherer. Zu Beginn waren ihr die Nachsprech-Übungen ein wenig peinlich – aber mittlerweile hat sie sichtlich Spaß daran. Spielerisch imitiert sie die Sprecher/innen und versucht dabei den Tonfall nachzuahmen. Auch ihr Textverständnis hat sich verbessert, und der Wortschatz ist gewachsen. Viele Wörter, die sie zuvor nur vage verstanden hat, kann sie nun aktiv nutzen.

Sie freut sich immer mehr auf die große Reise. In der ersten Schulwoche bemerkt sie aber auch, dass sie viel entspannter in den Englisch-Stunden sitzt. Während es ihr vorher oft peinlich war, wenn sie aufgerufen wurde, fällt ihr das Sprechen nun deutlich leichter. Sie meldet sich sogar öfter freiwillig. Am Ende einer Stunde lobt die Lehrerin sie beim Rausgehen und freut sich mit ihr über ihre Fortschritte.

Lia hat den Eindruck, dass sie während der Sommerferien im mündlichen Ausdruck mehr dazugelernt hat als im ganzen letzten Schuljahr. Das ist nicht verwunderlich:

Der Englisch-Unterricht in der Schule bringt oft sehr viel für das Textverständnis, die Grammatik und den schriftlichen Ausdruck. Dabei bleibt das Sprechen auf der Strecke. Das lässt sich leicht ausrechnen: Wenn von einer Englisch-Lektion 25 Minuten mündliche Übungen gemacht werden und davon circa die Hälfte der Zeit die Lehrkraft Fragen stellt oder Rückmeldungen gibt, dann bleiben 30 Sekunden Sprechzeit pro Schüler/in. Pro Woche sind das bei drei Lektionen gerade mal eineinhalb Minuten. In einem ganzen Schuljahr ergibt dies nur eine Stunde Redezeit pro Schüler/in. Das hat Lia in ihrem Crash-Kurs mit der Nachsprech-App bereits am dritten Tag erreicht.

Hat dich die Lernlust gepackt? Nimm die Fremdsprache mit in den Alltag:

- Schau dir deine Lieblingsserie oder einen spannenden Film in einer Fremdsprache an. Schalte Untertitel hinzu, wenn es zu schwierig ist.
- Schau dir auf YouTube englischsprachige Tutorials zu deinen Lieblings-Games oder deinem Hobby an oder suche dir passende Podcasts. Du findest dort Muttersprachler/innen, die dir zeigen, wie du dein Lieblingslied auf der Gitarre lernst, dich in deiner Sportart verbesserst, tolle Frisuren zauberst oder Kleider auf der Nähmaschine entwirfst. Oder es macht dir Spaß, deinen Vorbildern dabei zuzuhören, wie sie aus ihrem Alltag berichten?
- Suche die Lyrics (Songtexte) zu deinen Lieblingsliedern. Versuche diese zu übersetzen. Wenn du weißt, was gesungen oder gerappt wird, werden viele Lieder noch schöner, manche leider auch peinlich.

- Stelle in den Systemeinstellungen deine Video-Games auf Englisch oder Französisch um.

Ich, Stefanie, habe vor langer Zeit als Weihnachtsgeschenk einen E-Book-Reader, den Kindle, geschenkt bekommen (ich glaube, mein Mann wollte damit verhindern, dass ich unsere Wohnung weiterhin mit hunderten von Büchern vollstopfe). Das Tolle an diesen Geräten ist: Du kannst dir ein fremdsprachiges Buch herunterladen und mit einem Klick die Übersetzung von Wörtern anzeigen lassen. Wenn du willst, kannst du diese Wörter gleich im integrierten Vokabel-Trainer speichern und sie später lernen.

Wie du das Mathe-Monster zähmst

Gehörst du auch zu den „Nixcheckern"? Sitzt du mit einem riesigen Fragezeichen über dem Kopf im Mathe-Unterricht? Hast du manchmal das Gefühl, dass du für Mathe einfach zu dumm oder unbegabt bist?

Dann möchte ich, Stefanie, dir gerne eine persönliche Geschichte erzählen:

Im Gymnasium stand ich mit Mathe ziemlich auf Kriegsfuß. „Hä? Ich check gar nichts mehr! Mathe soll seine Probleme selber lösen!" Das war wohl mein häufigster Gedanke beim Rechnen. In den Prüfungen lief mir regelmäßig die Zeit davon. Vor dem Abitur (Matura) kriegten wir dann auch noch einen (aus unserer Sicht) ganz gemeinen Kerl als Mathe-Lehrer. Von ihm hätte ich mir beinahe meinen Abschluss vermiesen lassen!

Dieser Herr hatte eine ganz besondere Gabe: Er konnte Massen von Jugendlichen in Angst und Schrecken versetzen. „Dem bereitet es anscheinend Freude, uns zu quälen", dachte ich damals oft. Hier ein kurzer Überblick über seine „Spezialitäten":

- Schüler/innen an der Tafel vorrechnen lassen und gemeine Kommentare ablassen („Ist das alles? Da frage ich mich wirklich, wie du es in diese Stufe geschafft hast!");

- Schüler/innen, die sich nicht melden, aufrufen und bloßstellen („Das solltet ihr aber längst drauf haben. So sehe ich schwarz für die Abschluss-Prüfung!“);
- Thema nach Thema „durchhauen“ ohne zu schauen, ob wir es verstanden haben;
- unangekündigte Prüfungen schreiben und viel zu wenig Zeit geben („Im Abitur habt ihr auch nicht mehr Zeit.“);
- Prüfungsaufgaben einstreuen, die wir im Unterricht nicht besprochen haben („Ihr müsst euer Wissen halt auch anwenden können.“).

So einen Lehrer hatte ich noch nie erlebt. Eine gute Freundin von mir musste durch das Zutun dieses Fieslings sogar die Schule verlassen. Sie hatte große Schwierigkeiten in Mathe, und ihre Note stand schon auf der Kippe. Da holte er sie zum Vorrechnen an die Tafel und ließ sie eine gefühlte Ewigkeit dort schmoren. Sie hatte solche Panik davor, dass man sie wegen einer weiteren schlechten Note in Mathe nicht zum Abitur zulassen wird, dass sie in Tränen ausbrach und nicht mehr weiterrechnen konnte. Am Ende dieser Stunde trug der Lehrer ihr eine derart schlechte Bewertung ein, dass sie schließlich nicht bestand und kurz vor dem Abitur vom Gymnasium abgehen musste.

Du kannst dir sicher vorstellen, dass einige von uns diesen Typen am liebsten auf den Mond geschossen hätten. Zu diesem Grüppchen gehörte auch ich, und wir wollten uns gerne an ihm rächen. Also strengten wir uns in seinen Stunden nicht mehr besonders an. Wir hatten sowieso das Gefühl: Bei diesem Lehrer bringt das nichts. Und wir wollten es ihm heimzahlen. Wir dachten: „Wenn der Notendurchschnitt in den Prüfungen zu schlecht ausfällt, kriegt der sicher bald Ärger mit dem Schulrektor." Leider kamen wir auf keinen grünen Zweig.

Dass du heute dieses Buch liest (und ich meinen Schulabschluss geschafft habe), verdanke ich auch einem ausgeklügelten Schlachtplan:

Irgendwann hatten wir es satt, darauf zu warten, dass sich von sich aus etwas ändert. Also wurden wir selbst aktiv und beschlossen: Die Freude, uns reinzureiten, gönnen wir ihm nicht mehr! Stattdessen machen wir es dem so schwer wie möglich, uns schlecht zu benoten. Der sollte sich noch wundern.

Die Mitarbeit steigern

Der erste Schritt im Schlachtplan gegen den Mathe-Fiesling: Die Mitarbeits-Note verbessern. Sich im Unterricht häufiger zu melden, ist nämlich der schnellste Weg, sich in Mathe zu steigern. Übrigens: Auch Fragen, die du deiner Lehrkraft stellst, fließen in die Mitarbeitsnote ein! Wer häufiger mitarbeitet, passt im Unterricht automatisch besser auf. Und: Die Lehrkräfte rufen dich seltener aus heiterem Himmel auf, wenn du gerade keine Antwort weißt. Ich habe in Mathe zum Beispiel für jede Stunde eine Strichliste geführt. Für jede Wortmeldung malte ich mir selbst einen Strich auf einen Post-it-Zettel oder meinen Block. Eigentlich ganz motivierend, wenn man die eigenen Fortschritte so vor sich sieht. Positiver Nebeneffekt: Weil wir als Klasse so viel gefragt haben, wurde es für unseren Lehrer deutlich schwieriger, durch den Stoff zu rasen. Ständig musste er etwas nochmal erklären oder zusätzliche Hilfestellungen geben.

Wenn du im Unterricht voll dabei bist, fällt es dir gleich auf, wenn eine Aufgabe schwierig ist. Komplizierte Aufgaben markierst du am besten mit einem bunten Stift. Diese kannst du zu Hause nochmal in Ruhe durchrechnen, zum Beispiel als Vorbereitung auf die Prüfung.

Sich an die Unterrichtsstunde zurückerinnern

Dieser Tipp mag dir vielleicht „streberhaft" vorkommen. Aber kaum etwas ist so nützlich, wie am Ball zu bleiben. Du kannst Mathe nicht ausstehen? Dann wird dein Gehirn versuchen, sich so gut wie möglich davor zu drücken. Blöd nur, dass das die ganze Sache noch schlimmer macht. Hilf deinem Gehirn, in Mathe den Durchblick zu bekommen. Wie? Mit einer einfachen Routine. Bevor du dich an deine Mathe-Hausaufgaben machst, überfliegst du kurz den Hefteintrag des heutigen Tages. Rufe dir die Erklärungen deiner Lehrkraft so gut wie möglich in Erinnerung. Stellen, die dir unklar sind, markierst du mit einem „?" So denkst du daran, am nächsten Tag im Unterricht nachzufragen. Damit glänzt du auch in der Mitarbeit.

Jetzt, wo du die Inhalte von heute kurz überflogen hast, konnte sich dein Gehirn ein erstes Bild machen. Der Vorteil: Die Hausaufgaben werden dir nach diesem Einstieg leichter fallen. Und du hast den Stoff schon ein erstes Mal wiederholt – ein Plus für deine Gehirn-Autobahnen. Wenn du dich noch sicherer fühlen möchtest, nimmst du es danach mit den farbig markierten Aufgaben aus dem Unterricht auf. Zur Erinnerung: Bunt angestrichen hast du die Aufgaben, die besonders schwierig sind. Zu Hause kannst du dir Zeit nehmen, den Rechenweg in Ruhe nachzuverfolgen.

Mit diesen Tricks lösen sich bestimmt auch bei dir viele Fragezeichen in Luft auf.

Falls du einen schlechten Trainer hast, suche dir einen besseren!

Wie du weißt, mag unser Gehirn Wiederholungen. In Mathe ist das schwierig, weil wir uns immer wieder neu in eine Aufgabe eindenken müssen. Man hat vielleicht das Gefühl: „Jetzt habe ich schon tausendmal so einen Bruch umgeformt und weiß immer noch nicht, wie es geht!“ Besonders übel wird es, wenn du den Eindruck hast, deine Lehrkraft „kann einfach nicht erklären“. Du hast jetzt zwei Möglichkeiten: Entweder du suhlst dich in Selbstmitleid („Ich bin einfach zu dumm! Mathe kann ich eben nicht! Meine Lehrerin ist voll doof ...“) oder du gibst deinem Gehirn Starthilfe. Viele Schüler/innen glauben, dass man Mathe „halt verstehen muss“, um gute Noten zu schreiben. Ist also für die „Nixchecker“ alle Hoffnung verloren? Nein! Du brauchst nur eine gute Anleitung, wie das folgende Beispiel zeigt:

Stell dir vor, du könntest 1 Million Euro gewinnen. Dazu müsstest du es schaffen, innerhalb von 30 Minuten aus einem komplizierten Labyrinth zu entfliehen. Du kannst zwischen zwei Trainerinnen auswählen, die dich auf das Turnier vorbereiten:

Trainerin A hat selbst beim Aufbau des Labyrinths mitgeholfen und ist Expertin für die Pflanzenwelt darin. Bei der Turniervorbereitung geht sie zügig voran und erklärt dir an jeder Ecke in Fachsprache, warum es nach links oder rechts geht. Dabei sagt deine Trainerin Dinge wie: „Hier stehen diese drei roten Rhododendren nebeneinander und dort die Asclepias syriaca, deswegen biege ich hier rechts ab. Schau diese Koniferenhecke mit dem Tellerschnitt genauer an, hier musst du nach links gehen." Ehe du dich versiehst, habt ihr das Labyrinth verlassen. Aber den Weg nach draußen konntest du dir kaum merken. Die Fachwörter hast du dir zwar aufgeschrieben, sie helfen dir im Nachhinein aber auch nicht weiter.

Trainerin B läuft mit dir das Labyrinth in kleinen Etappen ab und lässt dich dabei einen Lageplan zeichnen. Immer wieder übt und besprecht ihr Schritt für Schritt, wie du von einer Etappe zur nächsten kommst. Dabei erklärt sie dir die wichtigen Stellen in einfachen Worten und gibt zu Fachbegriffen Erklärungen ab, zum Beispiel: „Schau mal, hier sind drei Pflanzen mit roten Blüten, die ein wenig wie Sterne aussehen. Man nennt sie Rhododendren. Wenn du die drei Pflanzen mit den roten Sternblüten siehst, biegst du rechts ab." Du nimmst den Plan in die Hand und läufst das Labyrinth mit Trainerin B gemeinsam von einer Etappe zur nächsten ab. Mit der Zeit hast du einen genauen Ablaufplan im Kopf. Deinen Spickzettel kannst du vor dem großen Turnier getrost abgeben.

Mit wem gehst du wohl als strahlende/r Sieger/in aus dem Turnier hervor? Mit Trainerin A oder B? Wenn du die Pflanzenwelt mit ihren Fachbegriffen gut kennst, helfen dir die Erklärungen von Trainerin A vielleicht weiter. Wenn du bisher aber noch nie in einem Gartenlabyrinth warst, wirst du mit Trainerin B wahrscheinlich bessere Erfolge erzielen.

Wir hören oft von Jugendlichen, dass sie gar nicht gut sein können, weil ihre Lehrkraft so schlecht ist. Dazu können wir nur sagen: Aufwachen, du bist im YouTube-Zeitalter! Du hast viele Möglichkeiten, dir andere (oder einfachere) Erklärungen zu holen. Wenn du eine „Mathe-Niete" bist, versuche es mit dem folgenden Rezept:

1. Warte ein neues Thema ab.
2. Suche vor dem Start ins neue Thema auf YouTube nach Erklärvideos zu den Grundlagen. Mit einem Suchbegriff wie „Brüche umformen" oder „Gleichungen auflösen" bzw. „Gleichungen nach x auflösen" findest du hunderte Videos, die dir den Einstieg erleichtern.
3. Wähle dir deine Trainerin aus: eine Person, der du gerne zuhörst, die in deinem Tempo erklärt und die die einzelnen Rechenschritte gut veranschaulicht. Ein großer Vorteil bei Videos besteht darin, dass du auf Pause drücken oder eine bestimmte Stelle zweimal hören kannst, wenn du nicht gleich folgen konntest.

Vielleicht bist du erstaunt, wie sehr dir eine halbe Stunde Videoschauen dabei hilft, das neue Thema im Mathe-Unterricht von Anfang an zu kapieren. Oft ist es so: Wenn du mit Trainer B (z.B. deinem YouTube-Mathe-Coach) eine erste Tour durch das Labyrinth gemacht hast, kannst du danach auch von den Erklärungen des Trainers A (deiner Lehrkraft) profitieren. Das häufigste Problem im Mathe-Unterricht ist, dass zu viele neue Infos auf dich einprasseln und du völlig überfordert bist. Mit etwas Vorwissen kannst du die Infos besser einordnen und die Erklärungen leichter nachvollziehen. So wird auch der Unterricht nicht mehr so frustrierend und langweilig. Dich auf das neue Thema kurz vorzubereiten und im Unterricht gut aufzupassen, kann dir viele Stunden mühsamer Vorbereitung für die nächste Prüfung ersparen.

Brauchst du Hilfe bei der Suche nach guten YouTube-Erklärvideos? Wir empfehlen dir einige Kanäle auf: www.mein-clever-lernen.com

Überprüfe zum Schluss bitte noch, ob du einen oder sogar mehrere der folgenden Fehler machst.

Die vier katastrophalsten Fehler, wenn du für eine Mathe-Prüfung lernst – und wie du sie vermeidest

Viele Menschen glauben, dass sie „Mathe einfach nicht kapieren". Bei den meisten Schüler/innen stellt sich aber im Nachhinein heraus, dass sie nicht dumm sind, sondern einfach dumm lernen. Vielleicht wirst du dich auf den nächsten Seiten selbst ertappen und denken: „Ou, genau diesen Quatsch mache ich auch schon seit Jahren." Falls das der Fall ist, solltest du schleunigst deine Strategie ändern. Sicher willst du dir nicht selbst im Weg stehen, oder?

Fehler 1: Du hast noch nicht begriffen, dass Mathe mit rechnen zu tun hat

Möchtest du wissen, wie man der schlechteste Mathe-Schüler aller Zeiten wird? Anstatt die alten Übungsblätter nochmal zu lösen, liest man sie vor der Prüfung einfach mehrmals durch. Das ist ungefähr so, als würde man Leuten beim Sportmachen zuschauen und erwarten, dass man dadurch selbst fitter wird.

Wenn du die Aufgaben nicht selbst rechnest, erscheinen dir die meisten Schritte „eigentlich ganz logisch". Erst wenn du dir den Rechenweg selbst überlegen musst, ohne auf die Lösung zu schielen, merkst du, wo du unsicher bist und Fehler machst.

Du willst dich clever auf eine Mathe-Prüfung vorbereiten? Dann nimm ein leeres Blatt Papier, decke bei jeder Übungsaufgabe den Rechenweg und die Lösung ab und versuche, selbstständig darauf zu kommen. Schreibe dabei die einzelnen Rechenschritte auf. Gleiche am Ende dein Lösungsblatt mit der Vorlage ab: Wo hast du richtig gerechnet? Wo sind dir Fehler unterlaufen? Was solltest du dir nochmal genauer anschauen? Versuche, den richtigen Rechenweg nachzuvollziehen. Falls du nicht auf die korrekte Lösung gekommen bist, knöpfe dir die gleiche Aufgabe am nächsten Tag noch einmal vor.

Fehler 2: Du verbeißt dich in Aufgaben und regst dich darüber auf

Wie sieht die typische Mathe-Lern-Session bei dir aus? Gehörst du zu den Jugendlichen, die

- während des Unterrichts nicht richtig zuhören und dann kurz vor der Prüfung alles aufholen möchten?
- erst auf den letzten Drücker anfangen zu lernen, weil es so unangenehm ist?
- einen Tag vor dem Test einen Lern-Marathon einlegen und dabei die Krise schieben?

Schlechte Noten sind damit vorprogrammiert!

Zum Mathe-Lernen brauchst du einen kühlen Kopf und die Möglichkeit, dich immer mal wieder von den Aufgaben zu lösen. Vielleicht hast du bei einem Videogame schon einmal die folgende Erfahrung gemacht:

Du kommst auf einem bestimmten Level, bei einem Rätsel oder Endgegner einfach nicht weiter. Egal wie oft du es versuchst, es will einfach nicht klappen. Wütend schmeißt du den Controller auf die Couch und denkst: „Das ist ja nicht zu schaffen." Einige Stunden später oder am nächsten Tag fasst du dir ein Herz und versuchst es nochmal. Und siehe da: Es klappt gleich auf Anhieb. Du wunderst dich über dich selbst: „Hä, warum ging das jetzt plötzlich so leicht?"

Das Geheimnis liegt in der Pause! Du hast dich beruhigt, bist wieder klar im Kopf und kannst dich nun besser konzentrieren. Falls es sich um ein Rätsel handelte, kam dir vielleicht auch ein Phänomen zu Hilfe, das Psychologen als „Inkubationseffekt" bezeichnen.

Wenn du nicht weiterkommst, geh baden

„Heureka!", schrie Archimedes, als er nackt durch die Straßen von Syrakus lief. Der berühmte Mathematiker hatte gerade ein Bad genommen, als ihm endlich die Lösung für ein Problem einfiel, an dem er sich tagelang die Zähne ausgebissen hatte.

Seither bringt man den Ausruf „Heureka!" mit einem plötzlichen Aha-Erlebnis in Verbindung.

Archimedes war nicht der Einzige, der seine größten Entdeckungen nicht am Schreibtisch machte, sondern während einer ganz anderen Tätigkeit. Newton entdeckte das Gesetz der Schwerkraft, als er unter einem Baum saß und ihm ein Apfel auf den Kopf knallte.

Der Inkubationseffekt stellt sich ein, wenn man sich zuerst auf ein Problem fokussiert, dann eine Pause macht und sich mit etwas anderem beschäftigt und dann – mit etwas Abstand – wieder an die Aufgabe geht. Auf einmal hat man einen Geistesblitz.

Die plötzliche Erkenntnis kann schon während der Pause eintreten, zum Beispiel auf dem Klo, bei einem Spaziergang oder wenn man unter der Dusche steht. Häufig macht es aber erst „klick", wenn man sich nach einer Unterbrechung wieder auf die Aufgabe einlässt.

Wenn du Mathe lernst, ist es deshalb sehr hilfreich, dich mehrmals dranzusetzen. So kann sich dein Gehirn in den Pausen weiter mit dem Stoff beschäftigen. Die Lösung deiner Aufgaben wird dir leichter fallen. Wenn du erst kurz vor der Prüfung mit dem Lernen beginnst, verbaust du dir und deinem Gehirn diese wunderbare Möglichkeit.

Fehler 3: Du leidest alleine vor dich hin

Manche Jugendliche sitzen stundenlang über Mathe-Aufgaben, die sie nicht begreifen. Das macht doch keinen Sinn! Mathe und Naturwissenschaften lernen sich viel leichter zu zweit. Selbst wenn du dich mit jemandem zusammenschließt, der weniger versteht als du. Die Arbeit zu zweit hat mehrere Vorteile:

- Zwei Gehirne wissen und verstehen mehr als eines alleine.
- Ihr könnt euch bei Fragen gegenseitig helfen.
- Zusammen hält man länger durch und kann sich gegenseitig motivieren.
- Ein gemeinsamer Termin für eine Lern-Session hilft gegen den inneren Schweinehund.

Eine Lerngruppe nützt dir am meisten, wenn

- ihr zu zweit, höchstens zu dritt seid. Wenn die Gruppe zu groß ist, lenkt man sich nur gegenseitig ab;
- sich alle ein wenig vorbereiten, zum Beispiel: „Wir treffen uns nächsten Mittwoch um 16 Uhr 30 bei Ben. Bis dahin hat jeder das Kapitel zum Thema ‚Brüche erweitern' im Buch gelesen und die Aufgaben auf Seite ... gerechnet. Wir besprechen dann unsere Lösungswege und unsere Fragen."

Fehler 4: Du redest dir ein, dass du für Mathe zu dumm bist oder Mathe einfach nicht checkst!

Natürlich gibt es Menschen, die in Mathematik begabter sind als andere. Aber: Die Forschung konnte zeigen, dass die Einstellung eine größere Rolle spielt, als man glaubt.[14] Wenn es um Mathe geht, begegnen uns immer wieder dieselben Sätze:

„Mathe checkt man halt oder eben nicht!"

„Es muss einfach klick machen."

„Mathe kann man gar nicht üben, das ist Begabungssache."

Diese Einstellung führt dazu, dass man bei Schwierigkeiten sofort aufgibt und das Gehirn ausschaltet. Wie ist das bei dir?

14 Vgl. Murayama, Pekrun, Lichtenfeld & Vom Hofe, 2013.

- Klinkst du dich im Unterricht verärgert mit einem „Das blick ich sowieso nicht!“ aus, wenn der Lehrer zu einer etwas komplizierteren Erklärung ansetzt?
- Sagst du dir bei der ersten Hürde: „Das lohnt sich eh nicht. Ich komme sowieso nicht weiter!“, gibst dann auf und hakst die nächste Prüfung innerlich ab?
- Meinst du, du müsstest es jeder Aufgabe auf den ersten Blick ansehen, ob du sie „checkst“? Und falls das nicht der Fall ist: Probierst du erst gar nicht, dich einzudenken?

Ja?

Wenn du diese Haltung vertrittst, wird es praktisch unmöglich, dass du in Mathe auf einen grünen Zweig kommst. Du tappst in die Falle der sich selbst erfüllenden Prophezeiung.

In der Psychologie spricht man von einer sich selbst erfüllenden Prophezeiung, wenn man etwas glaubt und sich deshalb so verhält, dass genau diese Erwartung bestätigt wird. Ganz nach dem Motto: Ich kann es nicht, also übe ich es gar nicht. Wenn ich dann eine schlechte Note bekomme, ist das der Beweis: „Siehst du, ich kann es wirklich nicht.“

Wenn du dich in Mathematik verbessern willst, darfst du dich nicht länger als Opfer falscher Gene oder mangelnder Begabung betrachten. Stattdessen solltest du dir eine Portion Kampfgeist zulegen. Denn:

Auch Mathe kann man lernen!

Aber du brauchst dafür Ausdauer, Biss und ein wenig Mut. Das Beste daran: Du kannst gleich heute damit anfangen!

Wenn du im Unterricht nicht mehr mitkommst, dann kannst du dich melden und nachfragen. (Vielleicht ist dir das peinlich. Aber oft sind auch Mitschüler/innen froh, wenn die Lehrkraft etwas genauer erklärt.)

Wenn du beim Üben eine Aufgabe nicht verstehst, kannst du eine Pause einlegen und es nochmal versuchen, anstatt gleich aufzugeben.

Wenn du alleine nicht weiterkommst, kannst du dir Hilfe holen: bei deiner Lernpartnerin, deinen Eltern (falls sie den Durchblick haben), im Internet oder bei deiner Lehrkraft.

Wenn du in der Prüfung eine Aufgabe nicht zu lösen vermagst, kannst du dir sagen: „Vielleicht schaffe ich nicht die ganze Aufgabe. Aber manchmal gibt es auch für den Rechenweg oder richtige Teilschritte Punkte."

Claudia hatte genug davon, sich in Mathe als Opfer zu sehen. Sie hat sich eine Lernpartnerin gesucht und stellt sich tapfer ihrem Hassfach. Dabei hilft ihr auch ein Plakat, das sie über ihrem Schreibtisch aufgehängt hat. Sie wirft einen Blick darauf, bevor sie sich mit Mathe beschäftigt:

Meine Kampfansage an die Mathematik

Mathe ist auch Übungssache. Lass dich nicht unterkriegen!

Wenn du es nicht verstehst, darfst du dir Hilfe holen!

Manchmal steckt man fest, das ist normal.
Mach eine Pause und versuch es später nochmal.

Aus Claudia wurde in Mathe keine Überfliegerin. Sie hat sich reingehängt und sich von krass ungenügend auf knapp ungenügend hochgearbeitet. Vielleicht denkst du jetzt: „Ja toll – ungenügend ist ungenügend. Und dafür strengt die sich so an?!" Aber Claudia weiß: Eine knapp ungenügende Note kann sie sich leisten, eine schlechtere Note kann sie die Versetzung kosten. Und auf ein zusätzliches Jahr Mathematik und eine neue Klasse hat sie einfach keinen Bock.

Übrigens: Mit ein paar von diesen einfachen Tipps und einer Portion Fleiß habe ich, Stefanie, die Mathe-Abschlussprüfung mit 12 von 15 Punkten geschafft. Für mich eine wahre Sensation! Im Psychologiestudium räumte ich in Statistik die Bestnote ab und hatte so viel Mut gefasst, dass ich – die „Nixcheckerin" – sogar einen Nachhilfekurs in Mathe für die anderen Studierenden auf die Beine stellen konnte.

Vorträge halten leicht gemacht

Möchtest du wissen, wie du einen spannenden Vortrag hinbekommst? Wir zeigen dir, wie du deine Klasse begeisterst und deine Lehrkräfte um den Finger wickelst. Wundere dich nicht, wenn dir das Vortragen dann plötzlich Spaß macht!

Falls dich Referate stressen und du wissen möchtest, wie du mit deiner Nervosität umgehen kannst, wirst du im letzten Teil dieses Kapitels sowie im Kapitel „Byebye Prüfungsstress!“ ab Seite 199 fündig.

Zuerst möchten wir dir zeigen, wie du Vorträge auf keinen Fall anpacken solltest. Falls du bisher auch so vorgegangen bist wie Dieter: Herzliche Gratulation – du hast große Chancen, dich in kurzer Zeit enorm zu verbessern.

Dieter vermasselt sein Referat

Dieter ist ein guter und fleißiger Schüler. Mit Referaten tat er sich jedoch schon immer schwer. Auf keinen Fall möchte er sich mit einem schlechten Vortrag seine Note versauen.

Seit diesem Schuljahr hat Dieter einen neuen Geografie-Lehrer (Erdkunde). In die erste Stunde bringt dieser eine Liste mit Vortragsthemen mit und sagt dazu: „Alle werden in diesem Halbjahr ein Referat halten. Ihr könnt euch ein Thema aus der Liste aussuchen."

Dieter trägt sich für das Thema „Amazonas-Regenwald: das bedrohte Paradies" ein.

Bereits einen Monat vor seinem Vortrag streift er durch die Stadtbibliothek und jagt nach Büchern. Dank gründlicher Suche findet er fünf Bücher und im Internet unzählige Artikel über den Regenwald. Fast jeden Abend schmökert Dieter darin und macht sich Notizen. (Hatten wir erwähnt, dass er fleißig ist?)

Bald hat er seitenweise Infos rund um den Regenwald zusammengeschrieben. Jetzt weiß er gar nicht, wie er das alles in 20 Minuten erzählen soll. Er hat aber auch Angst, etwas wegzulassen: Was, wenn genau das dem Lehrer wichtig ist?

Dieter greift das erste Unterthema auf und schreibt einen Text über die Pflanzenwelt. Danach arbeitet er sich zur Tierwelt vor, zum Klima und schließlich zum Kernthema: der Abholzung des Regenwalds.

Die Seiten füllen sich. Eine Woche vor dem Vortrag hält Dieter acht eng beschriebene A4-Seiten in den Händen.

Sein letztes Referat in Geschichte sitzt ihm noch in den Knochen. Die Note war nicht besonders gut ausgefallen – trotz der intensiven Vorbereitung. Frau Brugg meinte damals: „Inhaltlich war es gut. Aber du hast alles abgelesen. Versuche das nächste Mal, frei zu sprechen und nicht immer aufs Blatt zu schauen, sondern in die Klasse.“

Dieter hat sich die Rückmeldung zu Herzen genommen. Dieses Mal soll alles anders werden! Schon sieben Tage vor dem Regenwald-Vortrag macht er sich daran, seine acht Seiten auswendig zu lernen.

Es fällt ihm schwer, sich alles einzuprägen. Dazu tragen auch die langen Sätze und teilweise komplizierten Formulierungen bei. Immer wieder verspricht er sich oder verliert den Faden. Das setzt Dieter gehörig unter Druck: „Was ist, wenn mir das beim Vortrag passiert? Dann schauen mich alle blöd an!"

Der Abend vor dem Referat ist am schlimmsten. Dieter fühlt sich immer noch unsicher, obwohl er seinen Text inzwischen unzählige Male heruntergerattert hat. Er wälzt sich im Bett und kann nicht einschlafen: Immer wieder geht er in Gedanken seine Inhalte durch. Wenn ihm einzelne Sätze nicht mehr einfallen, schaltet er das Licht an und schaut auf seinen Blättern nach.

Am nächsten Tag in der zweiten Stunde ist es so weit: Amazonas-Regenwald – das bedrohte Paradies!

Als Dieter vom Platz aufsteht, merkt er, wie alle Blicke auf ihn gerichtet sind. Er hat einen Kloß im Hals und fühlt sich schwindlig. Jetzt ja keinen Fehler machen! Also klammert er sich an seinen Text, der mittlerweile vom vielen Üben etwas schmuddelig aussieht. Mit dem Gedanken „Hoffentlich geht es schnell vorbei!" legt Dieter los.

Wie in einem Rausch rattert er seinen auswendig gelernten Text herunter. Manchmal schaut er hoch und starrt auf die Wand hinter den Köpfen seiner Mitschüler/innen.

Auf einmal merkt er, dass er einen Abschnitt ausgelassen hat. Das bringt Dieter aus dem Konzept: Soll er nun unterbrechen und zurückspringen oder einfach weiterreden? Aber dann fehlt doch etwas! Während er darüber nachdenkt, plappert sein Mund weiter.

Wie aus der Ferne hört er plötzlich Herrn Bachmanns Stimme hallen: „Dieter, noch drei Minuten – schau, dass du zum Abschluss kommst!“

Damit hat Dieter nicht gerechnet: Er ist erst bei der Hälfte! Das Wichtigste – diese ganze Bedrohungs- und Abholzungssache – kommt doch erst noch! Was soll er tun?

Den Rest ersparen wir dir.

Wenigstens muss Dieter am Ende des Vortrags keine Fragen beantworten. Die Klasse sitzt träge und erschlagen auf den Stühlen. Von dem sorgsam formulierten Text haben sie nicht allzu viel mitbekommen.

Dieters Note stand übrigens in keinem Verhältnis zum Aufwand, und Herr Bachmann war etwas verärgert, dass Dieter die Zeit überzogen hat.

Warum ging Dieters Vortrag trotz der vielen Arbeit derart daneben? Was hättest du anders gemacht? Schreibe hier alle Punkte auf, die dir dazu einfallen.

- ____________________________________
- ____________________________________
- ____________________________________
- ____________________________________
- ____________________________________
- ____________________________________

Fertig? Dann kannst du deine Lösung mit unserer vergleichen.

Dieters Fehler-Hitliste

Warum wurde Dieter für seinen immensen Einsatz nicht belohnt? Von allen hat er für sein Referat am meisten gearbeitet.

Dieter wollte alles möglichst gut und gründlich machen und jeden Fehler vermeiden. Aber genau dadurch entstanden die Probleme:

- *Viel zu viel Material.* Bei der Vorbereitung dachte Dieter ständig: „Dieses Thema ist wichtig! Das muss auch rein!“ Am Ende hatte er viel zu viel Stoff, den er in das 20-minütige Referat quetschen wollte.
- *Den Überblick verlieren.* Dieter hat sich zwar gut eingelesen. Er hat sich aber nie überlegt, wie er vorgehen will. Er hat vergessen, sich zu fragen: „Wie viel Zeit habe ich für den Vortrag? Was ist das wichtigste Unterthema? Welche Punkte müssen unbedingt rein? Wie kann ich den Vortrag auflockern? Welche Bilder, Geschichten oder Beispiele machen das Referat lebendig?“
- *Alles ausformulieren.* Weil sich Dieter mit Notizen nicht sicher fühlte, hat er den gesamten Vortrag Wort für Wort aufgeschrieben. Das Problem dabei ist: Wenn wir schreiben, verwenden wir viel zu lange und zu komplizierte Sätze. Am Ende hört sich der runtergeleierte Vortrag an, als würde jemand aus einem Lexikon vorlesen.
- *Auswendig lernen.* Den gesamten Vortrag auswendig zu lernen, kostet enorm viel Zeit. Aber nicht nur das:

Es klingt auch eintönig. Die Zuhörenden langweilen sich und schalten ab. Währenddessen spürte Dieter den Druck, alles ganz genau so zu sagen, wie er es sich aufgeschrieben hatte. Wahrscheinlich bemerkte niemand in der Klasse, dass Dieter einen Abschnitt vergessen hatte. Aber ihn hat das aus der Bahn geworfen. Immer wieder tauchten Gedanken auf wie: „Mist, jetzt habe ich einen Satz ausgelassen!“ oder „Das hatte ich doch anders aufgeschrieben.“

– *Die Textblätter verwenden.* Auf den ersten Blick scheint es eine Hilfe zu sein, wenn man den fertig ausformulierten Vortrag dabeihat. Die Versuchung ist jedoch groß, den Text einfach abzulesen. Dieter musste sich krampfhaft darauf konzentrieren, immer mal wieder von seinen Zetteln aufzusehen und an die Wand zu starren. Wenn man den Faden verliert, findet man auf den vollgeschriebenen Blättern kaum die richtige Stelle.

– *Kopf und Herz ausschalten.* Dieter hatte sich für das Thema Amazonas-Regenwald extra eingeschrieben, weil es ihn interessiert. Er tauchte ein in die Tier- und Pflanzenwelt und war begeistert von der Vielfalt. Es machte ihn wütend und traurig, dass dieser wunderbare Wald von Menschen zerstört wird. Beim Vortrag war von diesen Gefühlen und seinem Interesse nichts zu spüren. Zu sehr war er darauf fixiert, seinen Text fehlerfrei aufzusagen. Am Ende hatte er sich zwar kaum versprochen, dafür klang aber der Vortrag, als hätte ihn ein Computerprogramm vorgelesen.

Dieter wird Vortragsprofi

Nach dem erneuten Tiefschlag ist Dieter mächtig enttäuscht. Da muss sich etwas ändern! In einigen Büchern und im Internet findet Dieter gute Vortrags-Tipps. Jetzt stellt er seine Vorbereitung auf den Kopf.

Beim nächsten Referat ist er wie ausgewechselt. Seine Klasse staunt, hört gebannt zu, und der Lehrer krönt das Ganze mit der Bestnote. Dabei hat Dieter diesmal viel weniger Zeit investiert als je zuvor.

Damit du von Dieters tagelanger Suche nach Vortragstricks profitieren kannst, schreiben wir dir gleich hier die besten auf.

Checke zuerst die Lage

Bei seinem letzten Vortrag hat sich Dieter Hals über Kopf in die Vorbereitung gestürzt und viel zu viel Material zusammengetragen.

Beim nächsten Referat ist er schlauer und verschafft sich zunächst einen Überblick.

Titel: Klimawandel – unsichtbare Bedrohung

Dauer: 20 Minuten (davon 5 Minuten Einleitung, 12 Minuten Hauptteil, 3 Minuten Zusammenfassung und persönliches Schlusswort)

Material: Handout für die Klasse (eine A4-Seite)

Ziel: Ich soll kurz und klar erklären,

- wie es zum Klimawandel kommt,
- warum der Klimawandel eine Bedrohung ist,
- was man dagegen tun könnte / sollte,
- wie die Zukunft aussehen wird, wenn wir so weitermachen.

Die Ziele hat Dieter aus dem Titel und einem kurzen Gespräch mit seinem Lehrer abgeleitet. Sie helfen ihm dabei, sich einzulesen, ohne sich zu verzetteln.

Deine Lehrkraft ist dir keine große Hilfe? In diesem Fall kannst du dir den Titel deines Referats anschauen und dir W-Fragen dazu stellen: Worum geht es? Was passiert? Warum passiert es? Wann passiert es? Wer ist beteiligt? Wozu wird xy gemacht? Wo findet xy statt?

Du kannst es dir noch einfacher machen und wie Nadja vorgehen.

Erstelle selbst eine Gliederung

In Nadjas Klasse müssen alle einen Vortrag über eine bedrohte Tierart halten.

Nadja entscheidet sich für das Thema „Elefanten – graue Riesen in Gefahr".

Sie hat aber keine Ahnung, wie ihr Referat aussehen soll. Zum Glück haben sich schon viele schlaue Köpfe vor ihr mit diesem Thema beschäftigt.

In der Bibliothek stößt Nadja auf ein Schulbuch zum Thema Elefanten. Im Internet findet sie ebenfalls einige spannende Artikel. Daraus notiert sie die wichtigsten Infos. Jetzt geht es ans Gliedern.

Nadja schlägt zuerst das Buch auf und sieht sich das Inhaltsverzeichnis an: Wie haben die Autoren das Elefanten-Kapitel gegliedert? Gibt es eine sinnvolle Struktur? Als Nächstes überfliegt Nadja ihre Internetartikel und hält Ausschau nach guten Überschriften und Zwischentiteln im Text.

Nach kurzer Zeit hat sie folgende Überschriften gefunden:

- Aussehen und Körperbau
- Elefanten-Arten
- Verbreitung und Lebensraum
- Lebensweise
- Nahrungsquellen
- Feinde / Bedrohung durch den Menschen

Nadja fragt sich nun, welche dieser Unterthemen sie ausführlicher behandeln möchte. Aufgrund des Titels „Elefanten – graue Riesen in Gefahr" wird ihr schnell klar, dass ihre Lehrerin viel über die Jagd auf Elefanten und die Bedrohung ihres Lebensraums wissen möchte. In ihrem Material findet sie auch einen Abschnitt über den Elfenbeinhandel und Schutzgebiete für Elefanten. Zu diesen Punkten möchte sie noch mehr Informationen suchen. Sie packt die Punkte gleich auf ihre Gliederung und überlegt sich, wie viel Zeit sie für jeden Punkt aufwenden möchte. Und so sieht die Gliederung jetzt aus:

Elefanten – graue Riesen in Gefahr

- Einleitung (1 Minute)
- Elefanten-Arten und Lebensraum (4 Minuten)
- Aussehen und Körperbau (2 Minuten)
- Lebensweise (4 Minuten)
- Nahrungsquellen (1 Minute)
- Bedrohung der Elefanten durch Elfenbeinhandel und Zerstörung ihres Lebensraums (6 Minuten)
- Schutzmöglichkeiten (2 Minuten)

Auch Nadja wird klar: Sie hat nur für die allerwichtigsten Punkte Zeit.

Jetzt legt sie den groben Ablauf für ihr Referat fest. Sie überlegt sich, welche Titel sie den einzelnen Punkten geben will, in welcher Reihenfolge sie die Themen behandeln möchte und ob es Unterpunkte gibt. Und so sieht das aus:

1. Einleitung
2. Elefantenarten und Lebensraum
   - Afrikanischer Savannenelefant
   - Waldelefant
   - Asiatischer Elefant
3. Aussehen und Körperbau

Und so weiter …

Für die Unterpunkte nutzt Nadja wieder ihr Buch über Elefanten. Sie stellt fest, dass es drei Elefantenarten gibt. Alle drei möchte sie kurz vorstellen und zu jedem ein Bild zeigen. Sie fügt die Namen der Arten als Unterpunkte ein.

Verliere dich nicht in Details

Nadja hat Glück: Ihr Thema lässt sich sehr gut gliedern.

Dieter hat ein deutlich anspruchsvolleres Thema erwischt: den Klimawandel. Aber er hat aus seinen Fehlern gelernt. Anstatt sich zuerst viele Bücher und Artikel zu besorgen, sucht er dieses Mal ganz gezielt.

Er nimmt seine Ziele bzw. Fragen hervor und sucht zu jedem Punkt einzeln nach Informationen.

Eine Frage, die er in seinem Vortrag beantworten soll, lautet: Wie kommt es zum Klimawandel?

Er gibt bei Google „Klimawandel Ursachen“ ein. Bereits nach kurzer Zeit hat er drei Artikel gelesen und bemerkt, welche Ursachen oft genannt werden.

Ständig geht es um einen sogenannten Treibhaus-Effekt. Aber Dieter versteht nicht recht, was genau dahintersteckt. Gut, dass er eine Idee hat: Er gibt den Begriff auf YouTube ein und findet darüber ein ansprechendes Filmchen. Beim Zusehen bekommt er ein Gefühl dafür, wie man diesen Effekt gut erklären kann. Er startet das Video ein zweites Mal und schaltet es auf stumm. Dabei versucht er selbst zu erzählen, was er sieht. Schnell merkt er: Jetzt kann ich den Treibhaus-Effekt erklären. Aber dazu brauche ich bereits 5 Minuten!

Während Dieter nach Informationen sucht, schreibt er sich schon mal die wichtigsten Stichworte auf.

Erstelle Stichwortkarten oder Powerpoint-Folien

Jetzt hast du ein grobes Gerüst für dein Referat. Überlege dir nun, was du zu den einzelnen Überschriften und Unterpunkten erzählen möchtest.

Damit du dich beim Vortrag daran erinnerst, was du sagen möchtest – ohne alles abzulesen –, kannst du Stichwortkarten oder Powerpoint-Folien erstellen.

Nadja hat sich große Karteikarten aus festem Karton besorgt. Beim Vortragen ist sie oft sehr nervös und ihre Hände zittern, und mit den dickeren Karten fällt ihr Zittern weniger auf, als wenn sie große, dünne Blätter hält. Sie gestaltet nun zu jedem Themenblock ihres Vortrages eine Stichwortkarte mit den wichtigsten Punkten. Dabei notiert sie sich auch kleine Erinnerungen, wann sie etwas zeigen oder herumgeben möchte, und streicht diese mit Leuchtstift an. Am Ende nummeriert sie die Stichwortkarten, damit sie beim Vortrag nicht durcheinanderkommen.

2. Elefanten-Arten

Jetzt Poster aufhängen!

– Afrikanischer Savannenelefant

– Waldelefant (seit Kurzem ← Genanalysen!)

– Asiatischer Elefant

Wichtig: Auf den Folien bzw. Karten sollten nur die allerwichtigsten Punkte stehen, die du auf keinen Fall vergessen darfst. Achte darauf, dass du deutlich mehr zu erzählen hast. Zu dieser Stichwortkarte erzählt Nadja im Vortrag beispielsweise Folgendes:

„Es gibt drei verschiedene Elefanten-Arten. Erstaunlicherweise waren bis vor Kurzem nur zwei Arten bekannt, nämlich der afrikanische Elefant und der asiatische Elefant. Man hat dann die Gene genauer untersucht und festgestellt, dass es wahrscheinlich zwei getrennte Arten von afrikanischen Elefanten gibt, nämlich den Waldelefanten, den seht ihr hier auf dem Plakat, und den afrikanischen Savannenelefanten, das wäre der da drüben. Und der dritte hier ist logischerweise der asiatische."

Wenn du Powerpoint-Folien gestaltest, kannst du zu einzelnen Punkten auch einfach ein Bild zeigen. Du brauchst dann keine Folie mit Text. Wenn du das Bild als Gedächtnishilfe nutzt, brauchst du auch keine Stichwortkarte.

Ein Punkt von Nadjas Vortrag ist „die Herde". Dazu zeigt sie das folgende Bild:

© Trevorplatt, istockphoto.com

Sobald sie das Bild anschaut, erinnert sich Nadja automatisch an die wichtigsten Punkte: „Hier seht ihr ein Bild einer Herde. Sicher fällt euch der besonders große Elefant ganz vorne auf. Das ist die Leitkuh. Sie ist meistens eines der ältesten Tiere und führt die anderen zu den Wasserstellen und Futterplätzen. Die kleinsten sind in der Mitte. Elefanten sind sehr soziale Tiere und ziehen die Jungen gemeinsam auf. Die älteren passen also auf, dass den jüngeren und schwächeren nichts passiert. Fällt euch auf, was fehlt?" … „Genau! Es gibt keine erwachsenen Bullen in der Herde. Wenn die Bullen …"

Vielleicht denkst du dir: „Aber was ist, wenn ich einen Punkt vergesse?" Die Antwort lautet: Das fällt niemandem auf! Es ist tausendmal spannender, wenn du frei erzählst, als wenn du alles abliest oder auswendig lernst – da dürfen ruhig ein paar Punkte abhandenkommen.

Oft ist es sogar ein Glück, wenn man etwas auslässt: Vielleicht stellt jemand aus deiner Klasse genau dazu eine Frage.

Nehmen wir an, Nadja vergisst den Punkt mit den Bullen. Einer Schülerin kommt etwas merkwürdig vor, und nach Vortragsende fragt sie: „Da beim Bild mit der Herde ist aber das Weibchen am größten – ich dachte, die Bullen sind größer." Nun kann Nadja ganz lässig zum Bild klicken und antworten: „Das stimmt – gut, dass dir das aufgefallen ist. Die erwachsenen Bullen sind nicht mehr in der Herde. Mit circa 12 Jahren verlassen sie die Gruppe und werden Einzelgänger oder wandern in kleinen Trupps umher."

Pimpe deinen Vortrag

Nadja hat es bereits vorgemacht: Ein hübsches Bild da und dort sorgt für Spannung und bleibende Eindrücke. Möchtest auch du deinen Vortrag aufpolieren? Die folgenden Tipps helfen dir dabei.

Du kannst

- einen kurzen *Film-Ausschnitt* zeigen (Dieter blendet zum Einstieg 20 Sekunden lang eine Filmsequenz von einem ausgehungerten Eisbären ein, um auf die Gefahren des Klimawandels einzustimmen),

- einen *Gegenstand* mitbringen (Nadja gibt ein altes Schmuckstück ihrer Großmutter herum, das aus echtem Elfenbein gefertigt ist),
- ein *Zitat* eines berühmten Schriftstellers oder einer Philosophin einblenden (auf Seiten wie www.zitate.net findest du Zitate zu bestimmten Themen),
- eine *Passage aus einem Buch* vorlesen (z.B. aus einem Roman, den du vorstellen möchtest),
- dem Publikum eine *Frage* stellen (Nadja möchte von der Klasse wissen, was ihnen beim Bild mit der Herde auffällt),
- eine *Abstimmung* machen. (Als Dieter über die Ursachen des Klimawandels spricht, zeigt er drei Bilder: ein Auto, einen umstürzenden Baum und eine Kuh. Er stellt die folgende Frage: „Was, glaubt ihr, trägt am meisten zum Klimawandel bei – der Verkehr, die Abholzung der Wälder oder die Fleischproduktion? Wer ist für Verkehr? Hand hoch!" Dieter zählt die Stimmen aus und geht dann näher auf die Ursachen ein.)

Achte auf Start und Landung

Der Anfang und das Ende eines Vortrags bleiben den Zuhörerinnen und Zuhörern am besten im Gedächtnis. Deshalb solltest du in diese beiden Teile besonders viel Hirnschmalz stecken.

Sorge für einen spannenden Einstieg, um die Zuhörenden auf deine Seite zu ziehen.

„Ich halte heute einen Vortrag über ...“ ist wohl der langweiligste Einstieg, den es gibt. Dieter fesselt seine Klasse gleich zu Beginn mit dem Kurzfilm über den klapperdürren Eisbären. Auch die anderen Mittel, die wir oben vorgestellt haben, eignen sich: Zeig ein Bild, lies etwas vor oder blende auf der ersten Folie ein Zitat ein.

Im Mittelteil kannst du ruhig etwas rumeiern, wenn du dafür einen guten Abschluss lieferst.

Plane am Ende noch ein bis zwei Minuten ein, um deinen Vortrag abzurunden; zum Beispiel mit den folgenden Varianten:

- *Zusammenfassen.* Komm am Ende nochmals auf die wichtigsten Punkte zurück. Nadja könnte sagen: „Zum Abschluss möchte ich noch kurz zusammenfassen. Wir haben gesehen, dass Elefanten die größten noch lebenden Landsäugetiere sind. Es gibt verschiedene Arten, den afrikanischen Savannenelefanten, den asiatischen und den Waldelefanten. Elefanten haben kaum natürliche Feinde, sind aber wegen des Elfenbeinhandels und durch den Verlust ihres Lebensraums vom Aussterben bedroht.“
- *Persönliche Meinung.* Erzähle, was dich am Thema interessiert oder überrascht hat. Bei Nadja könnte sich das so anhören: „Besonders überrascht hat mich das Sozialverhalten der Elefanten. Ich habe mir nicht vorstellen können, dass sie uns Menschen so ähnlich sind, dass sie trauern und ihre Toten beerdigen und Freunde nach Jahren noch wiedererkennen.“

- *Appell.* Ein Appell ist eine Aufforderung, etwas zu tun. Dieter möchte seine Klasse aufrütteln: „Es ist fünf vor zwölf, Leute! Wenn unsere Generation nichts gegen den Klimawandel unternimmt, werden wir alle die Folgen zu spüren bekommen! Also: weniger fliegen, weniger Fleisch und auf erneuerbare Energien setzen!" (Wir möchten anmerken, dass dieser Schluss seinem Lehrer sehr viel besser gefallen hat als der Klasse ...)
- *Ausblick.* Du kannst auch auf neue Entwicklungen hinweisen. Nadja könnte abschließen mit: „Dass Elefanten wegen ihrer Stoßzähne gejagt werden, finde ich schrecklich. Aber zum Glück gibt es ein tolles Hilfsprojekt von WWF für Elefanten. Ich habe hier ein Plakat dazu mitgebracht. Außerdem hat China inzwischen einen Vertrag unterschrieben, dass sie in Zukunft gegen Elfenbeinhandel vorgehen möchten."

Gib alles – mit einem Handout!

Eine kurze schriftliche Zusammenfassung mit den wichtigsten Stichworten nennt man „Handout". Du kannst das Handout am Anfang oder am Ende deines Vortrags austeilen. Damit schindest du ordentlich Eindruck und wirst nicht selten mit einer besseren Note belohnt. Und so kannst du vorgehen:

1. Lege deine Gliederung und die Stichwortkarten bereit.
2. Öffne auf dem Laptop ein neues Dokument.
3. Gib links oben deinen Namen, deine Klasse und das Unterrichtsfach ein. Rechts kannst du das Datum eintragen.
4. Schreibe in der Mitte den Titel des Referats auf.
5. Tippe der Reihe nach die Gliederung und die Stichworte von den Stichwortkarten bzw. Folien ab oder füge sie mittels „copy-and-paste" ein.
6. Hebe Überschriften und Unterpunkte hervor (größere Schrift, fett oder kursiv).
7. Achte auf Abstände zwischen den verschiedenen Überschriften und Unterpunkten.
8. Gib die Quellen an.
9. Überprüfe die Rechtschreibung.

Das sieht nach viel Arbeit aus. Aber der Schein trügt: Nadja kann blitzschnell ein Handout gestalten. Sie braucht nur die Punkte von ihren Stichwortkarten abzutippen und zu gliedern. Die Überschriften markiert sie fett.

Vergiss nicht, am Schluss deines Handouts die Quellen anzugeben. Diese sind sehr wichtig! Sie zeigen, wo du deine Informationen gefunden hast.

Auf der nächsten Seite findest du das Handout von Nadja. Du kannst es als Vorlage nutzen.

22. Februar 2024

Fachlehrer: Herr Suter
Referentin: Nadja Ajdan

Elefanten: graue Riesen in Gefahr

1. Einleitung
- Ordnung der Rüsseltiere
- Größte noch lebende Tiere an Land
- Geburtsgewicht: circa 100 kg

2. Elefanten-Arten
- Afrikanischer Savannenelefant
- Waldelefant
- Asiatischer Elefant

3. Aussehen und Körperbau

	Afrikanischer Savannenelefant	**Waldelefant**	**Asiatischer Elefant**
Gewicht	bis 7,5 t	bis 4 t	bis 5 t
Größe	bis 3,30 m	bis 2,90 m	bis 3 m
Erkennungs-merkmal	große Ohren	rundliche Ohren, flacher Körper	kleine Ohren, fleckige Haut
Stoßzähne	Bullen und Weibchen	Bullen und Weibchen	nur Bullen

4. Lebensweise
- Herden von 6 bis 80 Weibchen und Jungtieren
- angeführt von Leitkuh (erfahrenes Weibchen)
- Bullen verlassen Herde mit ca. 12 Jahren
- sehr sozial

5. Nahrungsquellen
   - Pflanzenfresser: Gras, Früchte, Wurzeln, Zweige, Baumrinden
   - Aufnahmemenge: bis zu 200 kg Futter, bis zu 150 Liter Wasser täglich
6. Bedrohung des Elefanten
   - Wilderei / Elfenbeinhandel
   - Verlust des Lebensraums (Abholzung der Wälder, Ausbreitung des Menschen)
   - Konflikte zwischen Elefant und Mensch
   - Elefantenhaltung und Dressur
7. Schutzmöglichkeiten
   - Aufbau von Nationalparks, Schutzgebieten und Reservaten
   - Artenschutzabkommen
   - Verbot von Elfenbeinhandel durch Regierungen
   - Kampagnen für ökologische Landwirtschaft
   - Projekte für friedliches Zusammenleben von Elefant und Mensch
   - Beispielorganisationen: WWF, Save the Elephants
8. Quellen
   - Bücher:

     Hammelstein, A. (2013). Lernwerkstatt Elefanten: Wissenswertes über die bedrohten Dickhäuter. Verlag Kohl.

     Kurt, F. (2014). Von Elefanten und Menschen. Verlag Haupt.
   - Internet:

     www.wwf.de
   - Artikel:

     Wilderei: Gier nach Elfenbein bedroht Afrikanische Elefanten. *Zeit online* vom 18. August 2014.

Werde zur Rampensau

Kein Rockstar, kein Schauspieler, keine Rednerin betritt eine Bühne, ohne vorher geübt zu haben.

Du hast den Vortrag fertig vorbereitet und alle Materialien zusammen? Dann geht es jetzt ans Training!

Am besten übst du deinen Vortrag laut – auch vor Publikum (z.B. deinen Eltern). Du wirst merken, wie du mit der Zeit sicherer wirst und dein Referat immer freier und flüssiger ausformulieren kannst. Beziehe in die Übung auf jeden Fall auch deine Grafiken, Gegenstände und Bilder mit ein. Je besser dein Gehirn den wirklichen Ablauf kennt, desto entspannter bist du!

Behalte beim Training die Zeit im Blick. Besser kürzt du den Vortrag jetzt noch. Es wäre ja schade, wenn dich deine Lehrkraft mittendrin unterbrechen müsste.

So kannst du beim Üben vorgehen:

1. Setze dich gemütlich an einen Tisch und breite die Stichwortkarten der Reihe nach vor dir aus. Nimm ein Kärtchen, lies kurz, was draufsteht, und tu dann so, als würdest du das einem Freund, der dir gegenübersitzt, erzählen. Das darf sich so anhören, als würdest du ihm von einem Film berichten, den du kürzlich gesehen hast. Wenn du auf diese Weise vorgehst, wählst du automatisch eine gesprochene Sprache und keine komplizierten Schachtelsätze.

Vielleicht fällt dir auch auf, dass du dich eigentlich an alles Wichtige erinnern kannst. Gehe so der Reihe nach alle Kärtchen durch, bis du dich entspannt und sicher fühlst.

2. Versuche jetzt, die Vortrags-Situation in der Klasse zu üben. Suche dir einen Raum, in dem es ruhig ist. Baue deinen Laptop auf einem Tisch auf, falls du eine Powerpoint-Präsentation zeigen willst, und lege dein Material (Grafiken, Gegenstände, Bilder usw.) bereit. Stelle dich aufrecht hin und nimm die Stichwortkarten zur Hand. Tu so, als würdest du dein Referat vor deiner Klasse halten. Erzähle der Reihe nach alle Punkte deines Vortrags. Versuche, laut, deutlich und möglichst frei zu sprechen. Wenn du den Faden verlierst, wirf einen Blick auf deine Stichwortkarten. Wichtig: Gestalte alles genau so, wie du es auch im wirklichen Referat tun würdest. Zeige an der richtigen Stelle deine Zusatzmaterialien und wirf deine Fragen in den leeren Raum.
3. Sobald du den Vortrag flüssig erzählen kannst, stoppe beim nächsten Durchgang die Zeit. Kürze bei Bedarf ein wenig.

Übe dich auch im Umgang mit Hindernissen

Viele Schüler/innen möchten beim Üben alles perfekt machen. Wenn sie sich versprechen oder den Faden verlieren, brechen sie ab und beginnen wieder von vorne.

Es ist besser, wenn du solche Stolpersteine leichtfüßig überspringst. Auch bei Vortragsprofis, Lehrkräften oder geübten Redner/innen kommt es vor, dass sie den Faden verlieren. Nur merkt man das kaum, weil es sie nicht stresst und sie cool mit der Situation umgehen können.

Denke nur einmal daran, wie häufig deine Lehrkräfte im Unterricht eine Sprechpause machen oder „ähm" sagen. Oder frage dich, wie oft andere Schüler/innen beim Referat schon nicht mehr weitergewusst haben. Wahrscheinlich ziemlich oft. Überlege dir genau, was du in diesem Fall tun möchtest, und übe es gleich. Ein Beispiel:

Wenn ich den Faden verliere, dann atme ich kurz durch, mache eine Pause und schaue auf der Stichwortkarte nach. Falls ich den Einstieg nicht gleich wiederfinde, sage ich: „Oh, jetzt habe ich gerade den Faden verloren." Dann suche ich nach dem richtigen Stichwort und steige wieder ein.

Je öfter du diese Situation beim Üben des Vortrags durchgespielt hast, desto gelassener kannst du im Ernstfall damit umgehen.

Was ist, wenn ich eine Frage nicht beantworten kann?

Wenn wir schon bei den schwierigen Situationen sind: Viele Schüler/innen fürchten sich vor schwierigen Fragen beim Vortrag oder danach.

Aber auch das ist ganz normal. Du bräuchtest schließlich nicht in die Schule zu gehen, wenn du bereits alles könntest und wüsstest. Die Schule ist dafür da, zu lernen. Es kann immer passieren, dass du eine Antwort nicht kennst. Damit rechnen deine Lehrkräfte. Überlege dir auch für diesen Fall, wie du reagieren möchtest. Hier einige Möglichkeiten:

- Ich erkläre gleich am Anfang: „Eure Fragen beantworte ich gerne am Schluss." So unterbricht mich wenigstens niemand, während ich gerade vortrage.

- Ich sage: „Oh, das weiß ich gerade nicht. Aber ich schaue es gerne bis zur nächsten Stunde nach und gebe euch dann die Antwort."
- Ich verschiebe die Frage nach hinten, indem ich antworte: „Das fällt mir gerade nicht ein / Darüber muss ich einen Moment nachdenken. Dürfte ich die Frage zurückstellen? Wer hat sonst noch eine Frage?"

Du möchtest es dir noch leichter machen? Dann nutze diesen cleveren Trick: Hecke mit deinen Freunden vorab einige Fragen aus, die sie dir im Anschluss an deinen Vortrag stellen sollen. Die Antworten hast du dir natürlich schon vorher gut überlegt. Deine Lehrkraft wird Augen machen, wie gut du dich auskennst. So machst du garantiert eine gute Figur!

Was ist, wenn ich im Gesicht rot anlaufe?

Weißt du eigentlich, warum wir Menschen manchmal rot werden? Das passiert, wenn wir ein wenig gestresst sind, Angst haben oder uns schämen. Dann übernimmt ein Teil von unserem Körper die Kontrolle, den wir nicht beeinflussen können. Dieser Teil bringt die Blutgefäße dazu, sich auszudehnen. Dadurch schießt uns das Blut schnell ins Gesicht und bleibt länger dort. Rotwerden ist so eine Art Klimaanlage für den Körper, genauso wie Schwitzen. Die meisten sind beim Vortragen ein wenig gestresst. Ob und wie stark wir deswegen rot werden, ist aber von Person zu Person unterschiedlich. Menschen mit dicker Haut erröten weniger als Menschen mit dünner Haut, solche mit heller Haut mehr als dunkelhäutige. Du kannst also überhaupt nichts dafür, wenn deine Birne glüht. Du kannst es aber auch nicht „abschalten". Vielleicht ist es gar nicht so wichtig, wie du meinst.

Überlege mal: Wer ist eigentlich das letzte Mal in deiner Klasse rot geworden? Was hast du über diese/n Mitschüler/in gedacht? Findest du es peinlich, wenn andere rot werden?

Wahrscheinlich hast du überhaupt nicht darauf geachtet? Oder du findest es bei anderen gar nicht weiter schlimm? Du darfst dir sicher sein: Wenn dich das Rotwerden bei anderen nicht kümmert, geht es anderen bei deinem Vortrag wahrscheinlich genauso. Du kannst dir einfach sagen: „Ich werde vielleicht rot werden, und ich darf rot werden. Deswegen kann ich trotzdem einen guten Vortrag halten." Wenn du darauf vorbereitet bist, ist es halb so wild.

Erleichtere dir den Einstieg

Für die meisten Schüler/innen ist der Einstieg in den Vortrag der schlimmste Moment. Alle starren sie an und warten darauf, dass sie etwas sagen. Keine einfache Situation! Überlasse diesen wichtigen Moment nicht dem Zufall. Überlege dir lieber vorher in Ruhe, wie du dir den Einstieg erleichtern könntest. Hilft es dir, deine beste Freundin oder den engsten Kumpel anzusehen? Fällt es dir leichter, zu Beginn etwas vorzulesen oder das Thema an die Tafel zu schreiben? Übe verschiedene Einstiegsmöglichkeiten zu Hause und überlege dir, womit du dich wohlfühlst.

Manche Menschen schauen anderen beim Vortragen generell nicht gerne in die Augen. Geht es dir auch so? Dann schau deinen Zuhörenden einfach auf die Stirn oder die Nase – das merkt niemand.

Spanne deine Freunde ein, um die Zeit einzuhalten

Du machst dir Sorgen, dass du beim Vortrag zu schnell oder zu langsam sprichst? Dann überlege dir mit deiner besten Freundin / deinem besten Freund drei Zeichen: eines für „Rede schneller", eines für „Rede langsamer" und eines für „Alles super". Du kannst diese Person während des Vortrags immer mal wieder anschauen. Sie soll dir ein Zeichen geben, wenn du das Tempo ändern solltest.

Starte gut vorbereitet in dein Referat

Überlege dir spätestens am Tag vor deinem Vortrag, was du alles benötigst. Sind alle Stichwortkarten komplett und in der richtigen Reihenfolge? Möchtest du zum Einstieg eine Folie auflegen, oder benötigst du deinen Laptop für eine Powerpoint-Präsentation? Sollst du deine Präsentation auf einem Datenträger mitbringen? Und wie sieht es mit deinem Handout aus? Ist alles Nötige ausgedruckt? Möchtest du Zusatzmaterialien zeigen?

Erstelle eine Liste mit allen Materialien, die du für deinen Vortrag benötigst. Packe dann alle Sachen frühzeitig zusammen. Kaum etwas bringt dich mehr ins Schwitzen als ein USB-Stick mit deiner Präsentation, der nicht auffindbar ist, oder ein Drucker, der am Morgen den Geist aufgibt.

Lege in der Pause oder am Anfang der Schulstunde alles bereit, und lass dir von der Lehrkraft zeigen, wie der Projektor oder Beamer funktioniert, wenn du dir unsicher bist.

Wenn es schiefgeht, bin ich bei allen unten durch!

Manchmal macht man sich vor einem Referat mit Sorgen verrückt. Man malt sich in allen Details aus, wie man sich bis auf die Knochen blamiert und alle einen auslachen. Im Kapitel „Bye-bye Prüfungsstress!“ ab Seite 199 erfährst du, wie du gegen diese Sorgen angehen kannst. Wir möchten dir aber gerne noch anhand eines Beispiels zeigen, wie übertrieben Befürchtungen oft sind.

Katja, 14 Jahre alt, meinte zu uns: „Wenn mein Vortrag schiefläuft, bin ich bei allen unten durch!“ Auf die Frage hin, wen sie mit „alle“ meint, ist ihr bewusst geworden, dass ihre Freundinnen auch nach einem missglückten Vortrag zu ihr stehen und sie trösten würden. Nur eine Clique von vier Jungs würde sie blöd finden. Wir stellten ihr die Frage: „Und wenn du jetzt ein super Referat hältst? Finden die dich dann toll?“ Darauf antwortete Katja: „Nö, die finden mich sowieso bescheuert, da kann ich machen, was ich will. Und die sind mir auch egal. Eigentlich ändert ein Vortrag wirklich nichts daran, wie meine Klasse mich findet – egal, wie gut oder schlecht er ist.“

Katja hat für sich erkannt, dass ein Vortrag nur ein Vortrag ist. Ihr wurde bewusst, dass niemand nur aufgrund eines Referates seine Meinung über sie ändert und dass es einfach nur darum geht, der Klasse etwas über ein Thema zu erzählen.

Zugegeben: Das war jetzt wirklich ein langes Kapitel. Damit du für dein nächstes Referat gut gewappnet bist, haben wir dir auf den folgenden zwei Seiten eine kurze Vortrags-Checkliste mit den wichtigsten Punkten zusammengestellt.

Alles im Griff mit der Vortrags-Checkliste

1. Schritt: Lege deine Ziele fest

- Schau dir den Titel deines Vortrags an und überlege dir, welche Themen im Vordergrund stehen.
- Stelle dir W-Fragen zu deinem Vortragsthema (Wer? Was? Warum? Wann? Wo? Wozu?).

2. Schritt: Verschaffe dir einen Überblick

- Besorge dir einige Bücher aus der Bibliothek, glaubwürdige Internetquellen, Zeitschriftenbeiträge.
- Schau dir nur die Überschriften und das Inhaltsverzeichnis an.
- Erstelle damit eine erste Gliederung für deinen Vortrag.
- Entscheide, wie viel Zeit du welchem Unterthema widmen willst.

3. Schritt: Geh in die Tiefe

- Gehe der Reihe nach alle Unterpunkte durch. Lies dazu die Texte, die du gefunden hast, durch.
- Erstelle zu jedem Unterpunkt eine oder zwei Folien bzw. Stichwortkarten.

4. Sorge für Spannung

- Finde einen interessanten Einstieg (Zitat oder Textstelle vorlesen, ein Bild oder einen Filmausschnitt zeigen).
- Besorge dir Materialien, die du rumgeben möchtest.
- Überlege dir einen überzeugenden Schluss (Zusammenfassung, Ausblick, persönliche Meinung, Appell).

5. Erstelle ein Handout

- Lege deine Gliederung und die Stichwortkarten bereit.
- Öffne auf dem Computer ein neues Dokument.
- Gib links oben deinen Namen, deine Klasse und das Unterrichtsfach ein. Rechts kannst du das Datum eintragen.
- Schreibe in der Mitte den Titel des Referats auf.
- Tippe der Reihe nach die Gliederung und die Stichworte von den Stichwortkarten bzw. Folien ab.
- Hebe Überschriften und Unterpunkte hervor (größere Schrift, fett oder kursiv).
- Achte auf Abstände zwischen den verschiedenen Überschriften und Unterpunkten.
- Gib die Quellen an.
- Überprüfe die Rechtschreibung.

6. Übe

- Setze dich gemütlich an einen Tisch und breite die Stichwortkarten aus.
- Erzähle, was du zu den Stichwortkarten weißt – so als würdest du einem guten Freund davon berichten.
- Sobald das klappt, kannst du dich steigern. Tu so, als würdest du den Vortrag halten. Nutze dazu deine Präsentation und dein Material und halte den Vortrag eins zu eins so wie in der Schule.
- Trainiere auch schwierige Situationen (den Faden verlieren, eine Frage nicht beantworten können).
- Achte auf die Zeit. Kürze den Vortrag oder ergänze ihn, bis es zeitlich passt.

Keine Motivation? So trickst du den inneren Schweinehund aus!

Wenn man als Schüler/in lästige Hausaufgaben erledigen oder für ein ungeliebtes Fach lernen muss, schalten sich rasch die Erwachsenen ein. Zum Beispiel mit einer „motivierenden" Predigt. Sie werfen sich in Pose, holen tief Luft, und schon geht es los: „Du, mir macht auch nicht alles Spaß ... Das Leben ist kein Ponyhof ... Manchmal muss man halt auch Sachen machen, auf die man keine Lust hat ... Ohne Fleiß kein Preis."

Sehr motivierend – als ob du das nicht wüsstest.

Wenn deine Eltern das nächste Mal über die Steuererklärung klagen, kannst du den Spieß umdrehen: „Steuern sind das Fundament einer funktionierenden Demokratie. Manchmal muss man halt auch Sachen machen, auf die man keine Lust hat. Meint ihr, mir machen meine Hausaufgaben Spaß? Mit diesen Steuergeldern bezahlt der Staat eure Straßen und meine Schule und fördert Kunst und Kultur! Seid doch mal froh über die Errungenschaften unserer Gesellschaft. Und jetzt husch, husch. Einmal pro Jahr zwei, drei Blätter ausfüllen kann doch nicht so schwierig sein – mach ich ja tagtäglich."

Im Ernst: Der Job als Schüler/in ist der einzige, auf den man sich nicht beworben hat. Er ist sehr vielseitig. Aber: Es gibt immer einiges, das man sich nicht ausgesucht hätte.

Kaum jemand mag jedes Fach gerne. Für Fächer zu lernen, die du langweilig findest (oder sogar aus tiefstem Herzen hasst!), ist eine echte Herausforderung. Daher stellt sich die Frage: Wie kannst du dich überwinden?

Manche Jugendliche werden wahre Meister darin, sich das Lernen schmackhaft zu machen. Andere leiden immer elender unter unliebsamen Fächern. Letztere erkennst du an ihrem Gejammer:

- „Warum muss ich das machen?"
- „Das stinkt mir total!"
- „Es ist soooo langweilig!"
- „Das braucht doch eh kein Mensch!"

Verständlich, aber wenig hilfreich. Je mehr du vor dich hin jammerst, desto mehr wehrt sich dein Gehirn gegen den Stoff. Es hat schlicht keine Lust, sich mit langweiligem, unwichtigem Zeug zu beschäftigen. Außerdem ist dein Gehirn darauf programmiert, Sachen, die du unwichtig findest, so rasch wie möglich zu vergessen. Damit wird das Lernen noch öder, und du kannst dir kaum etwas merken.

Wenn es dir gelingt, beim Lernen für Spaß, Spannung und Action zu sorgen, wird dein Gehirn alles gierig aufsaugen.

In Kursen haben wir hunderte von Jugendlichen gefragt, wie sie sich selbst motivieren. Die besten Wege haben wir gesammelt. Du wirst sehen: Die Tipps und Tricks sind sehr unterschiedlich. Einige davon werden überhaupt nicht zu dir passen, andere werden dir weiterhelfen. Probiere die einzelnen Vorschläge aus und behalte bei, was bei dir funktioniert.

Der Weg der Freundschaft

Manchmal braucht man einen guten Weggefährten. Was wäre Frodo ohne Sam? Harry ohne Hermine und Ron? Luke Skywalker ohne Prinzessin Leia und Han Solo? Sogar ein Power Ranger wäre alleine noch kümmerlicher.

Wenn es schwierig wird, macht eine gute Weggefährtin alles leichter. Das gilt auch für das Lernen.

Verabrede dich mit jemandem für die Prüfungsvorbereitung und lass dich von der Arbeitsstimmung anstecken. Das kann ein Klassenkamerad, deine Schwester oder jemand aus der Nachbarschaft sein. Ihr müsst nicht beide das Gleiche büffeln – es ist schon hilfreich, wenn man nicht alleine dasitzt.

Natürlich kannst du auch gemeinsam mit jemandem aus deiner Klasse lernen. Ihr könnt euch gegenseitig weiterhelfen. Du musst dir keine Sorgen machen, wenn ihr im jeweiligen Fach nicht gleich gut seid. Falls du besser bist, kannst du über das Erklären eine Menge lernen. Falls du schwächer bist, kannst du dir helfen lassen. Wenn ihr in diesem Fach beide eine Niete seid, werdet ihr gemeinsam trotzdem weiterkommen als alleine.

Verbindet das Lernen mit etwas Angenehmem: Macht eine klare Zeit aus, bis wann ihr was erarbeitet haben möchtet – und gönnt euch danach etwas Schönes.

Der Weg der Gemütlichkeit

Entführe dein Gehirn an einen Ort, an dem es ihm gefällt.

Musst du etwas auswendig lernen? Nimm dein Blatt mit nach draußen, drehe ein paar Runden und sage dir den Text vor.

Schnapp dir deine Deutsch-Lektüre und mach es dir in der Badewanne gemütlich.

Du musst als Hausaufgabe einen Aufsatz schreiben und dir fällt nichts ein? Gehe spazieren und denk über das Thema nach. Nimm ein kleines Notizbuch mit, damit du dir neue Ideen aufschreiben kannst.

Du kannst das Lernen auch mit Bewegung verknüpfen. Haben deine Eltern ein Fitnessgerät, weil sie sich irgendwann mal vorgenommen haben, sportlicher zu werden? Sprich dir die Vokabeln oder die wichtigsten Punkte eines Textes auf dein Handy und höre es dir an, während du trainierst. Weise deine Eltern mit dem Satz „Jemand muss dieses Gerät ja nutzen" auf ihre mangelnde Disziplin hin.

Du kannst dir das Lernen auch mit einer Tasse Kakao, einer kuschligen Decke oder einer Duftkerze versüßen.

Der Weg der Kreativität

Du kannst deinem Gehirn einen Streich spielen und es dazu bringen, besser zu arbeiten. Wie? Indem du so tust, als wärst du jemand anderer.

Das wurde sogar von Forschenden untersucht! Studierende konnten sich bei einem Test besser konzentrieren, wenn man ihnen vorher einen Arzt-Kittel angezogen hatte.[15] Wahrscheinlich kamen sie sich dadurch besonders schlau vor.

Und jetzt zu dir:

15 Adam & Galinsky, 2012.

Wer wäre besonders gut in dem Fach, das du machen musst? Wen würde das Thema brennend interessieren? Schlüpfe in die Rolle dieser Person, bevor du anfängst zu arbeiten.

Du hast keine Lust auf Mathe? Stell dir vor, du wärst Dr. Sheldon Cooper aus der Serie The Big Bang Theory. Vielleicht bist du auch lieber ein Mafia-Boss, der seine Geld-Geschäfte regelt. Oder macht es dir Spaß, deine Lehrerin zu spielen?

Sich vorzustellen, man wäre jemand anders, kann wahre Motivationsschübe freisetzen und uns zu mehr Ausdauer verhelfen.[16]

Der Batman-Effekt

Die Forscherin Rachel White und ihr Team von der Universität Pennsylvania führten eine witzige Untersuchung mit Kindern zwischen 4 und 6 Jahren durch. Die Kinder mussten 10 Minuten lang eine stinklangweilige und frustrierende Aufgabe lösen und hatten die Möglichkeit, währenddessen nach Lust und Laune aufzustehen und stattdessen ein spannendes Videogame zu spielen.

Die Wissenschaftlerinnen konnten zeigen, dass Superheldenkostüme und die Anweisung, sich in den Helden hineinzuversetzen, eine ähnliche Wirkung hatten wie die Arzt-Kittel bei den Erwachsenen:

16 White & andere, 2017.

Es gelang den verkleideten Kindern besser, ausdauernd und motiviert bei der Sache zu bleiben und sich seltener durch die Videogames ablenken zu lassen.

Student Jeremy kommt bei seiner Abschlussarbeit endlich voran!

Überleg dir für dein Hassfach, in wen du dich reinversetzen möchtest. Schreib dir gleich hier einen Vorschlag auf:

Mein Hass-Fach:

Meine Rolle:

Es stehen dir noch viele weitere Wege offen, deine Kreativität zu nutzen:

- Wirf dein Kopfkino an und stelle dir passende Bilder oder Filmsequenzen zum Stoff vor.
- Male kleine Zeichnungen an den Rand, um dich an die wichtigsten Punkte eines Textes zu erinnern.
- Verpacke die unregelmäßigen Verben in einen Rap oder singe die Vokabeln zur Melodie deines Lieblingslieds.
- Überlege dir ein kleines Pantomime-Theater oder einen Tanz zu einem Gedicht: Welche Bewegungen oder Gesten passen zur Handlung? Wie hängst du sie zeitlich richtig aneinander?
- Stelle dir beim Vokabeln-Lernen vor, deine Augen wären ein Fotoapparat. Fotografiere dann Buchstabe für Buchstabe das Wort ab. Schließe jetzt die Augen und stelle dir dein „inneres Foto“ vor. Kannst du das Wort auch buchstabieren?
- Baue dir eine Eselbrücke wie „Wer nämlich mit h schreibt ist dämlich“.
- Bereite Fragen zum Prüfungsstoff vor und veranstalte mit anderen ein Quiz. Wer gewinnt, bekommt eine Tüte Gummibärchen.

Der Weg der Abhärtung

Es braucht viel innere Stärke, Durchhaltevermögen und Tapferkeit, um sich mit seinen Problemfächern rumzuschlagen.

Wenn es dir gelingt, darfst du dir ruhig ordentlich auf die Schultern klopfen. Zum Beispiel so: „Du bist so ein zäher Hund! Wie du dich hier durchgeboxt hast – echt klasse."

Du kannst langweilige und schwierige Aufgaben zum Anlass nehmen, um dich abzuhärten. Stell dich ihnen mit dem Herz eines Kämpfers oder einer Kriegerin und beiße dich durch. Fang klein an und quäle dich fünf Minuten durch dein Hassfach. Stell dich immer größeren Herausforderungen.

Wusstest du, dass viele sehr erfolgreiche Menschen sehr gut darin sind, Unangenehmes einfach durchzuziehen? Viele berühmte Schriftsteller/innen sagen von sich, dass sie das Schreiben als Qual empfinden. Die meisten erfolgreichen Unternehmer/innen mussten sich zu Beginn ihrer Karriere jahrelang durchschlagen. Und von Musikstars weiß man, dass ihnen das Üben deutlich weniger Spaß macht als ihre Auftritte.

Der Profi-Schwimmer Michael Phelps hat bei den Olympischen Spielen 23 Goldmedaillen geholt. Und er sagt über sich: „Als Kind habe ich das Wasser gehasst! Ich wollte nichts damit zu tun haben." Vielleicht fragst du dich nun, wie er es trotzdem so weit gebracht hat. Zu seinem Erfolg erklärt Michael Phelps: Ziele sollten nie einfach sein. Sie sollten dich dazu treiben, hart zu arbeiten, auch wenn sie unbequem sind. Er glaubt, dass man alles erreichen kann, wenn man es sich in den Kopf setzt, Arbeit und Zeit investiert.[17]

Michael Jordan, der beste Basketballspieler aller Zeiten, flog als Jugendlicher aus seinem Basketballteam, weil er nicht gut genug war. Anstatt die Flinte ins Korn zu werfen, trainierte er ab diesem Moment wie ein Besessener. Mit der Zeit wurde er so gut, dass sogar die Stars aus der ersten Liga seine Zweitliga-Spiele verfolgten – nur um ihn sehen zu können.[18]

Du kannst deine Hausaufgaben als Möglichkeit sehen, dich abzuhärten. Wenn du den Weg der Tapferkeit gehst, haut dich mit der Zeit nichts mehr aus der Bahn. Egal wie schwierig oder langweilig eine Aufgabe ist, egal wie viele daran schon gescheitert sind: Du wirst dich durchkämpfen.

Wenn du einen richtig fiesen Lehrer hast, kannst du ihn gleich als Motivationsquelle benutzen. Sag dir: „Dem Kerl zeig ich's! Der kriegt mich nicht klein!", und stürze dich auf die Aufgaben.

---

17 Farina, 2020; Stump, 2016

18 Williams, 2001.

Der Weg der Belohnung

Was macht ein Hund nicht alles für ein Leckerli? „Sitz, Platz, gib Pfote – da hast du ein Leckerli!“

Wenn du möchtest, kannst du dein Gehirn auch ein wenig dressieren. Das geht ganz leicht – nach dem Motto: „Schön lernen, dann gibt's ein Leckerli!“

Überlege dir zum Beispiel, wie du dich nach den Hausaufgaben belohnen willst. Möchtest du dich vielleicht mit einer Freundin treffen? Ein köstliches Stück Schokolade verdrücken? Oder dir am Abend einen spannenden Film gönnen?

Streue auch einige Mini-Belohnungen in das Lernen ein. Zum Beispiel: „Ich lerne jetzt ganz gemütlich diese drei Hefteinträge, und dann gehe ich duschen.“

Du kannst dir auch vorstellen, wie gut es sich anfühlen wird, wenn du deine Aufgabe für heute erledigt hast, zum Beispiel: „Wenn ich das durchhabe, bin ich einen guten Schritt weiter. Dann kann ich den Abend noch besser genießen.“

Manchen Jugendlichen hilft es auch, bei den Hausaufgaben das schlimmste Fach zuerst zu erledigen. So können sie sich auf ihr Lieblingsfach am Ende freuen.

Der Weg des geringsten Aufwands

Man kann es drehen und wenden, wie man will – manche Fächer hängen dir vielleicht einfach zum Halse raus.

Wenn du dich kaum aufraffen kannst, steht dir noch der Weg des geringsten Aufwands offen.

Rechne knallhart aus, welche Note du unbedingt schaffen musst, und mach einfach das Minimum.

Beim Schreiben dieses Kapitels haben wir bemerkt, dass wir beide bei einem Fach auf diese Strategie zurückgegriffen haben.

Ich, Stefanie, habe mich für Geschichte zwar interessiert, bin aber an einen Lehrer geraten, der – wenn auch nett – einen Spleen für Jahreszahlen und kleinste Details hatte. Bei der letzten Prüfung wusste ich: Ich darf null Punkte schreiben und mir passiert nichts. Also habe ich mir das Lernen gespart und die Zeit während des Tests genutzt, um meinem Lehrer ein Gedicht zu schreiben. Es hieß: Die neuen Leiden des jungen W. (weil sein Nachname mit „W" anfing). Das Gedicht handelte davon, was dieser Großstädter in unserer Landschule alles ertragen muss – von verdreckten Lackschuhen bis hin zu unserem „Bauerndialekt", über den er sich regelmäßig aufregen konnte. Er nahm es mit Humor und las das Gedicht der Klasse vor. (Das war echt peinlich!)

Ich, Fabian, hatte einen sehr sympathischen Mathe-Lehrer, der zudem so unterrichtete, dass alle gut mitkamen. Aber: Mathe und Physik interessierten mich einfach nicht.

Als es auf die Matura (Abitur) zuging, rechnete ich aus, dass ich mir eine ungenügende Note im Zeugnis locker leisten kann. Also habe ich mich in Physik angestrengt, weil es weniger zu tun gab. In Mathe habe ich mir eine genügende Vornote erarbeitet – und es mir dann erlaubt, für die Matura-Prüfung nichts zu lernen und leer abzugeben. Ich habe lediglich einen kurzen Text für meinen Lehrer verfasst, damit er weiß, dass mein Desinteresse nichts mit ihm zu tun hat.

Wenn du den Weg des geringsten Aufwands gehst, musst du vorsichtig sein. Du musst genau wissen, was du dir leisten kannst, und gut abschätzen können, wie viel Aufwand du betreiben musst, um zu einer bestimmten Note zu kommen.

Wir würden dir empfehlen, wenn überhaupt, dann höchstens in einem Fach Minimalist/in zu sein.

Ab und zu bewusst zu faulenzen, hat aber auch etwas sehr Befreiendes.

Der Weg des guten Grunds

Manchmal helfen ein überzeugender Grund oder ein paar gute Argumente dabei, dein Gehirn aus der Reserve zu locken. Diese findest du zum Beispiel durch die folgenden Fragen:

- Was ist das Spannende an diesem Fach oder Thema?
- Warum wäre es schön, das zu wissen oder zu können?
- Was von diesen Dingen hier kann ich für meinen Traumberuf gebrauchen?

Philipp möchte seinem Gehirn das Schulfach Englisch schmackhaft machen. Also fragt er sich: Was nützt es mir, diese Sprache zu lernen? Was wäre schön daran, Englisch gut zu können?

Er findet für sich die folgenden Antworten:

- Ich könnte im nächsten Ausland-Urlaub selbst mein Essen und Getränk im Restaurant bestellen.
- Ich fühle mich wohler, wenn ich die Leute auf der Straße verstehen kann.
- Dann beherrsche ich eine Sprache, die meine Großeltern nicht können.
- Ich kapiere endlich, wovon meine Lieblingslieder handeln. Vielleicht merke ich sogar, welche Bands oder coolen Rapper eigentlich total unsinniges Zeug singen.
- Englisch ist in über 70 Ländern der Welt eine offizielle Sprache. Man wird mich fast überall verstehen. Ich werde mich mit Menschen aus verschiedenen Kulturen unterhalten können.
- Ich will sicher nicht wegen Englisch sitzen bleiben!

Übrigens: Französisch wird in über 30 Ländern der Welt gesprochen. Cool, oder? Jetzt frage ich mich gerade, warum ich, Stefanie, eigentlich sieben Jahre lang Latein gelernt habe. Schließlich redet das heute kein Mensch mehr. Außer in manchen Kirchen vielleicht. Aber trotzdem war es eines meiner Lieblingsfächer. Vielleicht, weil mir diese uralten Texte immer wie Geheimrätsel vorkamen, die man entschlüsseln musste – eine Art Geheimsprache, die heute fast niemand mehr kennt.

Wie ist das bei dir? Welche Fächer könntest du deinem Gehirn schmackhaft machen?

Vielleicht findest du Gefallen an Sachkunde, Erdkunde oder Physik. Schließlich erfährst du etwas über unsere Gesellschaft und lernst, wie hier alles funktioniert. Dein Gehirn lässt sich nicht locken? Dann überrasche es doch mit spannenden Videoclips auf YouTube, einem interessanten Buch oder einem tollen Film zum Unterrichtsthema. Das hilft insbesondere dann, wenn das Schulbuch schrecklich ist.

Übung: Den Schweinehund überwinden

Jetzt bist du dran: Wie besiegst du deinen „inneren Schweinehund“? Halte deine Gedanken gleich hier fest:

Übung: Motivation

So mache ich meinem Gehirn das Lernen schmackhaft:

____

____

____

____

So bringe ich mich in Stimmung, wenn ich gar keine Lust habe (wenn ich zum Beispiel für mein Hassfach lernen muss):

Wenn du wissen willst, welche Motivationsspritze Adi geholfen hat, dann schau dir den Clip an auf: www.mein-clever-lernen.com

Bye-bye Prüfungsstress!

Krampft sich schon dein Magen zusammen, wenn du daran denkst, einen Test zu schreiben? Pocht dein Herz wie verrückt und zittern deine Hände, wenn eine Prüfung ausgeteilt wird? Schießen dir auch manchmal Gedanken durch den Kopf wie:

„O Gott! Ich kann das sowieso nicht!“

„Bah, mein Herz rast! Ich bin so nervös. Gleich fällt mir nichts mehr ein.“

„Mir läuft die Zeit davon!“

„Ich bin eh zu blöd für Mathe.“

Dann stecke deine Nase ruhig noch etwas tiefer in dieses Buch. Wir werden es Schritt für Schritt mit deiner Angst aufnehmen!

„Hallo Angst! Machen wir uns mal an die Prüfung!“

Eigentlich sind Ängste etwas total Geniales. Wenn es sie nicht gäbe, wären wir Menschen längst ausgestorben. Unsere Ängste warnen uns vor Gefahren und sichern damit unser Überleben. Wie das geht? Wenn wir nervös sind oder Angst haben, passiert in unserem

Körper etwas Spannendes: Unser Herzschlag beschleunigt sich und pumpt eine ganze Menge Blut durch unseren Körper. Wir atmen schneller, damit wir mehr Sauerstoff aufnehmen können. Die Muskeln spannen sich an, und wir beginnen zu schwitzen. Unser Körper stellt uns damit all seine Energie zur Verfügung. So können wir besser mit Gefahren umgehen.

Stell dir vor, ein Steinzeit-Mensch wäre im „Chill-Modus“ gewesen, als ihm ein Säbelzahntiger begegnete. Dann wäre er ganz entspannt davongeschlendert, und das Vieh hätte ihn mit einem Happs verspeist. Der Körper des Steinzeit-Menschen musste stattdessen alle Kräfte mobilisieren, um gegen die Bestie zu kämpfen oder zu fliehen. Und dabei half ihm seine Angst …

Viele Schüler/innen glauben, dass Nervosität etwas ganz Schlimmes wäre. Sie meinen, dass sie sich nicht richtig konzentrieren können, wenn sie aufgeregt sind. Wenn sie schwitzen oder die Hände zittern, denken sie: „Jetzt geht das schon wieder los! Jetzt hab ich sicher gleich wieder ein Blackout."

Clevere Lernprofis wissen, dass ihr Gehirn ein wenig Anspannung braucht, um in Schwung zu kommen. Auch sie sind in der Prüfung ein wenig nervös. Wenn ihr Herz anfängt zu pochen oder sie zittrige Hände bekommen, sagen sie sich: „Du bist gerade nervös, das ist schon okay. Lies einfach weiter die Aufgabe."

Ob dich deine Angst blockiert oder sogar ein wenig anspornt, hängt also davon ab, wie du damit umgehst. Es gibt bestimmte Gedanken, die deine Ängste schlimmer werden lassen und dich zunehmend daran hindern, dich auf die Prüfung zu konzentrieren. Hilfreiche Gedanken aber können dich darin unterstützen, dein Wissen trotz Nervosität aufs Blatt zu bringen.

„Mach dir keine Sorgen"

Wenn man anderen von seiner Nervosität erzählt, erhält man einen ganzen Schwall von oberflächlichen Tipps. Die sind gut gemeint, helfen aber oft nicht weiter.

Dazu gehören „beruhigende" Sätze von Eltern wie:

„Das schaffst du ganz bestimmt!"

„Es ist doch nicht schlimm, wenn du mal eine schlechte Note hast."

„Es ist doch bisher auch alles gut gelaufen."

Oder Tipps wie:

„Stell dir die Zuhörer einfach in Unterhosen vor."

„Atme dreimal tief durch und denke dir: ‚Ich habe es gelernt, also muss ich es können!'"

„Sag dir einfach: ‚Ich bin ganz entspannt, nichts bringt mich aus der Ruhe.'"

Das alles nützt dir wenig, wenn du nicht sicher bist, ob du es schaffst, eine schlechte Note sehr wohl schlimm findest und von so ein bisschen Rumatmerei nicht gleich „ruhig und entspannt" wirst.

Solange du versuchst, gegen die Angst anzukämpfen, und glaubst, bei Tests entspannt sein zu müssen, wird die Angst immer größer.

Sobald du die Angst akzeptierst, wird es leichter, und du merkst: „Ich kann mich trotz Nervosität auf die Prüfung einlassen." Es gibt viele Schauspieler und Sängerinnen, die sagen: „Ich brauche das Lampenfieber, damit ich richtig gut bin."

Forscher/innen konnten zeigen, dass das stimmt: Wenn wir ein wenig nervös sind, erbringen wir die besten Leistungen.[19]

Vielleicht hast du selbst schon einmal erlebt, dass du am Tag einer Prüfung total müde warst, weil du schlecht einschlafen konntest. Beim Frühstück hast du vielleicht gedacht: „Mist, ich bin so fertig – das wird nichts.“ Aber kaum liegt das Prüfungsblatt vor dir, spürst du einen Energieschub. Du merkst nichts mehr von der Müdigkeit und schreibst konzentriert drauflos. Manche Studierenden haben uns erzählt, dass sie am Ende des Studienjahres trotz Grippe die Abschlussprüfung geschrieben haben – und während des Tests nichts davon spürten.

Freunde dich mit deiner Angst an

Wie du bereits erfahren hast, lässt sich die Angst nicht unterdrücken, indem du die rosarote Brille aufsetzt. Du kannst aber dafür sorgen, dass dich deine Angst nicht lahmlegt. Je häufiger du die Erfahrung machst, dass du mit deiner Angst klarkommst, desto kleiner wird sie.

19 Cassady & Johnson, 2002; Kukolja, Thiel, Wolf & Fink, 2008; siehe dazu auch: Brady, Hard & Gross, 2018; Jamieson & andere, 2022; Jamieson, Mendes, Blackstock & Schmader, 2010.

Baue dir ein Notfallprogramm

Damit du trotz Angst lernen, Prüfungen schreiben und Vorträge halten kannst, brauchst du ein gutes Notfallprogramm. Der Steinzeit-Mensch hatte das. Es hieß: weglaufen – und wenn das nicht funktioniert – kämpfen!

Blöderweise funktioniert das bei Prüfungen nicht. Du musst also ein eigenes Notfallprogramm für dein Gehirn entwickeln. Sag ihm ganz genau, was es in einer stressigen Situation denken und tun soll.

Alle Berufsgruppen, die in ihrem Alltag krasse Situationen meistern müssen, trainieren solche Notfallprogramme. Zum Beispiel Notärzte, Polizistinnen, Piloten, Feuerwehrleute, Soldaten, Hebammen und Gefängniswärterinnen. Sie wissen genau:

WENN X PASSIERT, DANN MACHE ICH Y.

Und genau diesen Trick nutzen wir jetzt für deine Prüfung. Damit du trotz Stress genauso konzentriert bleibst wie die Notärztin, wenn sie an die Unfallstelle kommt. Sehen wir uns ein paar Beispiele an:

Larissa denkt beim Lernen ständig an die Prüfung

Vielleicht geht es dir wie Larissa, die sich bereits beim Lernen schlecht konzentrieren konnte. Ständig lenkten sie Sorgen vom Stoff ab. Sie dachte sich:

- Ich werde das nie kapieren!
- Ich bin einfach zu doof.
- Alle anderen sind viel schneller und besser als ich.
- Wie soll ich das bei der Prüfung können, wenn ich es jetzt schon nicht checke?

Larissa konnte ihren Stress abbauen, indem sie sich bewusstmachte, dass Lernen kein Wettrennen ist und auch die hellsten Köpfe nicht alles sofort verstehen.

Wenn sie heute beim Lernen auf Schwierigkeiten stößt, dann sagt sie leise zu sich selbst:

- Ich lese weiter und schaue mir die schwierigen Stellen morgen nochmal an.
- Das ist schwierig. Es ist normal, dass ich es nicht auf Anhieb verstehe.
- Wenn ich über die anderen nachdenke, komme ich auch nicht schneller voran. Ich mache jetzt in meinem Tempo weiter.
- Ich darf mir Zeit nehmen, um das zu üben.

Schreibe doch gleich einen Notfallplan für dich auf. Du kannst einen Satz von Larissa übernehmen, der dir gefällt, oder dir einen noch besseren ausdenken.

Wenn ich beim Lernen auf Schwierigkeiten stoße, dann …

Emma wird alles zu viel

Emma geriet immer dann in Panik, wenn sie sich auf mehrere Prüfungen gleichzeitig vorbereiten musste. Dann stressten sie Gedanken wie:

- Es ist so viel, das schaffe ich nie!
- Es lohnt sich doch gar nicht, überhaupt noch zu lernen!

- Die Huber fragt eh das, was ich nicht gelernt habe!
- Ich muss alles können!

Wenn sie heute mehrere Prüfungen in der gleichen Woche schreiben muss, dann sagt sie sich:

- Wahrscheinlich schaffe ich nicht alles – aber alles, was ich lerne, bringt mich weiter.
- Die Zeit reicht nicht für alles, aber für das Wichtigste. Ich konzentriere mich auf die Lernziele.
- Ab und zu kommt etwas in der Prüfung dran, das ich nicht gelernt habe – aber meistens kann ich mich auf die Lernziele verlassen.
- Eines nach dem anderen – was will ich als Nächstes lernen?

Jetzt bist du wieder dran.

Wenn ich mich auf mehrere Prüfungen gleichzeitig vorbereiten muss, dann ...

Romeo schlägt sich die Nacht um die Ohren

Romeo kann vor Prüfungen kaum einschlafen. Er wälzt sich im Bett herum und macht sich verrückt. Je mehr er sich sorgt, weil er nicht einschlafen kann, desto wacher wird er:

- Wenn du nicht schläfst, bist du morgen viel zu müde für die Prüfung!
- Nur noch sechs Stunden, dann muss ich schon wieder aufstehen.
- Wie heißen jetzt schon wieder diese Zellteile, die für die Photosynthese verantwortlich sind? Irgendetwas mit C… – Mist, das kommt sicher in der Prüfung dran! Wo stand das nochmal? Ich schaue es besser kurz nach …

Zum Glück hat er sich ein paar hilfreiche Gedanken zugelegt:

Wenn ich vor der Prüfung nicht einschlafen kann, dann

- sage ich mir: Selbst wenn du gar nicht einschlafen kannst, sorgt dein Körper schon dafür, dass du während des Tests fit bist;
- schalte ich halt nochmal das Licht an und lese in meinem Roman, bis mir die Augen zufallen.

Und wie ist das bei dir? Welcher Gedanke könnte dir helfen?

Wenn ich vor einem Test nicht einschlafen kann, dann …

____

____

Niklas zerbricht sich den Kopf über schlechte Noten

Niklas ist sehr ehrgeizig und ein guter Schüler. Trotzdem plagt ihn ständig die Angst vor schlechten Noten:

- Ich muss gut sein.
- Ich kann mir keine schlechte Note leisten – das versaut mir den Schnitt!
- Was ist, wenn ich die Prüfung verhaue? Meine Eltern wären sicher total enttäuscht.

Zum Glück ist es Niklas gelungen, etwas gelassener mit Noten umzugehen, indem er anders darüber denkt.

Wenn mich die Angst vor schlechten Noten packt, dann sage ich mir:

- Es wäre schön, wenn ich eine gute Note kriege. Es bringt mich aber auch nicht um, wenn ich mal danebenhaue.
- Niemand wird sich später dafür interessieren, ob ich in der siebten Klasse in einem Fach eine Note besser oder schlechter war.
- Ich bereite mich gut vor und gebe mein Bestes.
- Wenn ich eine schlechte Note bekomme, bin ich ein, zwei Tage enttäuscht – das halte ich aus.
- Meine Eltern dürfen von mir erwarten, dass ich mir Mühe gebe – aber nicht, dass ich immer gut bin.
- Ich mache es, so gut ich kann – und sehe dann, was dabei rauskommt.

Dave beeindruckt beim Bewerbungsgespräch auf ganzer Linie.

Jetzt bist du dran. Vielleicht helfen dir Niklas' Sätze weiter. Andernfalls findest du sicher einen, der besser zu dir passt.

Wenn mich Gedanken an schlechte Noten quälen, dann ...

Farah gerät während der Prüfung unter Druck

Egal, wie gut sie vorbereitet ist: Farah sind Prüfungen ein Graus. Sie schwitzt, ihr wird schwindlig, die Schrift wird kraklig, weil sie zittert.

Sie springt von Aufgabe zu Aufgabe und fühlt sich oft in einem Wettlauf gegen die Zeit:

- Mein Herz hämmert wie blöd!
- Mir ist so schlecht!
- Wenn meine Hände so zittern, kann man am Ende gar nichts lesen.
- Die Zeit läuft mir davon!
- Ich bin zu langsam.
- Die Ersten geben schon ab! Wie können die nur so schnell fertig sein?

Heute ist Farah immer noch nervös, aber sie lässt sich von ihrer Angst nicht mehr aus der Bahn werfen. Das gelingt ihr mit dem folgenden Notfallplan:

Wenn ich bei der Prüfung unter Druck komme, dann sage ich mir:

- Mein Herz hämmert. Es pumpt Blut in mein Gehirn, damit ich gut nachdenken kann.
- Ich bin nervös, das halte ich aus – ich kann die Prüfung trotzdem schreiben.
- Meine Hände zittern, auch egal – Lehrer/innen können so ziemlich jede Schrift entziffern.
- Eine Aufgabe nach der anderen.
- Besser vier Aufgaben richtig als fünf falsch – ich arbeite in meinem Tempo.
- Manche sind schneller, und manche geben ab, weil sie nicht viel wissen. Ich konzentriere mich auf meine Prüfung.

Wie könnte dein Notfallprogramm aussehen?

Wenn ich bei einer Prüfung unter Druck komme, dann ...

David ringt um die Versetzung

David kämpft mit den Anforderungen am Gymnasium. Er ist sich nicht sicher, ob er im Gymi bleiben kann. Obwohl er viel für die Schule lernt, fallen die

Noten ernüchternd aus. Seine Sorgen waren ihm keine Hilfe:

- Alle halten mich für einen Loser, wenn ich es nicht packe.
- Ich muss es schaffen.
- Ich will auf keinen Fall vom Gymi fliegen!
- Das kann ich meinen Eltern nicht antun!

David ist nicht zu beneiden. Aber auch er hat einen Weg gefunden, besser mit seiner Situation zurechtzukommen.

Wenn ich mir Sorgen mache, ob ich die Versetzung schaffe, dann sage ich mir:

- Ich kann mir Mühe geben und mich gut vorbereiten – mehr kann ich nicht tun.
- Vielleicht ist das Gymnasium einfach nicht das Richtige für mich. Wenn das jahrelang eine solche Qual bleibt, dann tut mir das auch nicht gut.
- Meine Eltern stehen hinter mir, egal was passiert.
- Meine Freunde sind meine Freunde und bleiben meine Freunde – egal, wo ich zur Schule gehe.
- Es wäre schön, wenn ich das Gymnasium schaffe, aber es gibt auch andere Wege zu einem tollen Beruf.

Bist du in einer ähnlichen Situation? Was würde dir helfen?

Wenn ich mir Sorgen mache, ob ich die Versetzung schaffe, dann ...

Für den Notfall trainieren

Hast du dir einige Gedanken für schwierige Situationen aufgeschrieben? Wunderbar!

Das alleine reicht aber nicht. Das wäre so, als hätte eine Polizistin in der Ausbildung lediglich einmal davon gehört, wie sie in einer gefährlichen Situation reagieren muss.

Für den Fall, dass wir gestresst sind, benötigen wir ein Notfallprogramm, das ohne groß nachzudenken abläuft. Und so kannst du vorgehen:

Schritt 1: Erstelle dir Notfallkarten

Schreibe dir deine hilfreichen Sätze auf schöne Karten. Du kannst auf der Vorderseite die schwierige Situation notieren und auf der Rückseite deine hilfreichen Gedanken.

Hier siehst du Beispiele von Farah und Romeo:

Vorderseite	Rückseite
Wenn ich in der Prüfung Herzklopfen bekomme ...	... dann sage ich mir: Dein Herz klopft. Das ist normal. Du darfst nervös sein.

Vorderseite	Rückseite
Wenn ich vor der Prüfung nicht einschlafen kann ...	... dann sage ich mir: Selbst wenn du gar nicht schlafen kannst, sorgt dein Körper schon dafür, dass du während der Prüfung fit bist. Lies noch ein wenig in deinem Lieblingsroman, bis dir die Augen zufallen.

Schritt 2: Lerne deine neuen Gedanken auswendig

Mach dich mit deinen neuen Gedanken vertraut. Lies dir deine Karten vor dem Einschlafen durch, und nimm sie immer mal wieder zur Hand. Es ist hilfreich, wenn du das zu Beginn in Momenten machst, in denen du nicht gestresst bist. Die Feuerwehr übt ja ihre Einsätze auch nicht gleich bei echten Bränden.

Wenn du die Vorderseite der Karte liest, sollte dir sofort der Satz auf der Rückseite einfallen und du solltest dich mit diesem Satz wohlfühlen.

Schritt 3: Übe unter verschärften Bedingungen

Wenn du die neuen Sätze richtig gut verinnerlicht hast, kannst du einen Schritt weiter gehen: Stelle dir die schwierige Situation lebhaft vor deinem inneren Auge vor und übe dabei die neuen Gedanken weiter ein.

Farah malt sich die Prüfungssituation in Mathe in allen Details aus. Sie stellt sich vor, wie sie morgens ins Klassenzimmer kommt, sich auf ihren Platz setzt, wie der Lehrer den Test austeilt und sie die erste Aufgabe unter die Lupe nimmt. Während sie in diese Vorstellung eintaucht, spürt sie, wie sie nervös wird. Ihr Herz schlägt schneller, und ihr Atem wird flach. Nun kommt ihr Notfallprogramm zum Zug. Sie sagt sich: „Dein Herz klopft. Das ist normal. Du darfst nervös sein."

Farah spielt diese Situation und ihre neuen Sätze mehrmals in Gedanken durch. Sie ist erstaunt: Die ersten Male war sie sehr nervös, aber mit der Zeit, so ab dem siebten Durchlauf, wird sie merklich ruhiger.

Bei der nächsten Prüfung ist sie aufgeregt, weiß aber viel besser, wie sie mit ihrer Nervosität umgehen kann.

Tipp: Du kannst dir deine Notfall-Kärtchen auch für die schwierige Situation bereitlegen, um dich im richtigen Moment an dein Programm zu erinnern. Romeo hat seine Kärtchen zusammen mit seinem Lieblingsroman auf den Nachttisch gelegt. So kann er sie direkt zücken und lesen, wenn er abends vor einer Prüfung nicht gut einschlafen kann.

Es ist kurz vor der Prüfung und ich bekomme trotzdem Panik!

Zum Schluss möchten wir dir noch einen Trick verraten, wie du mit plötzlich aufkommendem Prüfungsstress umgehen kannst.

Vielleicht merkst du am Morgen vor einem Test, wie dich die Nervosität überfällt, oder du wirst in der großen Pause plötzlich ganz angespannt.

Wenn das passiert, solltest du auf keinen Fall versuchen, die Angst zu unterdrücken oder in der Panik noch zusätzlichen Stoff in deinen Kopf zu pressen.

Schnapp dir stattdessen ein Blatt Papier und einen Stift und schreibe 10 Minuten lang alle Sorgen und Ängste auf, die dich im Hinblick auf die anstehende Prüfung quälen. Lass alles heraus, was du gerade fühlst und was dir durch den Kopf geht. Das darf ruhig chaotisch aussehen: Nützen wird es trotzdem. Bei David sah das so aus:

„Shit, gleich nach der Pause ist die Geschichtsprüfung. Wenn ich die verkack, bin ich echt geliefert. Ich muss das schaffen. Warum bin ich jetzt wieder so aufgeregt? Meine Eltern killen mich, wenn ich schon wieder so schlecht bin. Ich schwitze wie eine Sau. Ekelhaft. Der fragt doch eh wieder das, was ich nicht gelernt habe. Wieso habe ich nicht früher angefangen? Mir ist so übel. Wann ist Cäsar schon wieder ermordet worden? Mist, das hab ich doch gestern extra nochmal gelernt! Das geht bestimmt schief. Ich könnt grad anfangen zu heulen. Kann dieses dumme Herzrasen jetzt endlich aufhören? Jetzt geht's dann gleich los – o Gott ..."

Nachdem David alle seine unangenehmen Gedanken und Gefühle aufgeschrieben hatte, spürte er, wie eine Last von ihm abfiel. Es war, als wäre das Chaos in seinem Kopf jetzt auf dem Blatt vor ihm und sein Geist wieder frei.

Es gibt übrigens viele Untersuchungen, die zeigen, wie nützlich das ist. Zwei davon möchten wir dir vorstellen.

Bring deine Sorgen aufs Papier!

Sian Beilock und Gerardo Ramirez[20] von der Universität Chicago überraschten Schüler/innen vor ihrer ersten Abschlussprüfung in Biologie mit einem Um-

20 Ramirez & Beilock, 2011/2014; auch: Clinton & Meester, 2019; Frattaroli, Thomas & Lyubomirsky, 2017; Shen & andere, 2018.

schlag. Eine Hälfte fand darin einen Zettel mit dem Auftrag, 10 Minuten lang über ihre Sorgen und Ängste hinsichtlich der anstehenden Prüfung zu schreiben. Die andere Hälfte sollte sich einfach über ein Thema Gedanken machen, das nichts mit der Prüfung zu tun hatte.

Jugendliche, die vor dem Test über ihre Ängste schreiben konnten, waren in der Prüfung weniger gestresst und erzielten sogar bessere Noten. Am meisten half die Übung bei Schüler/innen mit ausgeprägten Prüfungsängsten.

In einer anderen Studie mit Studierenden, die Angst vor Mathematik-Prüfungen hatten, gelangte das Forscherteam zu einem weiteren spannenden Ergebnis: Je emotionaler die Testpersonen über ihre Befürchtungen und Gefühle schrieben, desto besser waren sie anschließend in der Prüfung.[21]

Das spricht dafür, dass du während des Schreibens wirklich ungefiltert alles rauslassen darfst, was dich gerade beschäftigt.

Wenn deine Prüfungsängste sehr hartnäckig sind, kann dir eine Beratung weiterhelfen. An vielen Schulen gibt es Vertrauenslehrkräfte, Schulpsychologinnen oder Lerncoaches, die dich unterstützen können.

21 Park, Ramirez & Beilock, 2014.

Wie du Blackouts den Kampf ansagst

Manche Menschen bekommen in Prüfungen Blackouts: Obwohl sie gut gelernt haben, fällt ihnen plötzlich nichts mehr ein. Sie können sich nicht mehr an den Stoff erinnern, ihr Kopf ist wie leergefegt. Solche Blackouts kann man in vielen Fällen verhindern. Dabei hilft dir alles, was du bereits im letzten Kapitel gelesen hast. Auch eine gute Lernplanung und clevere Lernstrategien geben dir Ruhe und Sicherheit. Wir haben dir hier noch einige Spezialtipps gegen Blackouts zusammengestellt.

Bücher zu am Prüfungstag

Siehst du dir am Tag der Prüfung nochmals den Lernstoff an? Manchen Jugendlichen hilft es, wenn sie morgens vor der Schule den Stoff noch einmal kurz auffrischen. Das gilt allerdings nur für diejenigen, die dabei cool bleiben.

Wenn du dadurch nervös wirst, schadet es dir!

Hast du dir vielleicht auch schon in der Stunde vor dem Test das Buch auf die Knie gelegt und versucht, heimlich zu wiederholen?

Dabei passiert es schnell, dass du denkst: „Mist, daran erinnere ich mich gar nicht mehr. Ah, das kann ich noch nicht …“

Du hetzt durch den Stoff und wirbelst in deinem Kopf alles durcheinander – als wenn du eine Glaskugel mit Pulverschnee fest schüttelst. Plötzlich hast du keinen Durchblick mehr. Tu deinem Gehirn das nicht an.

Definiere für dich einen Zeitpunkt vor der Prüfung, ab dem du dir nichts mehr dazu anschaust. Du kannst dir in diesem Moment ganz bewusst sagen: „Okay, jetzt ist es genug, ich verlasse mich auf das, was ich gelernt habe, und gönne meinem Gehirn noch etwas Ruhe."

Leo gerät bei Französisch-Prüfungen schnell unter Druck. Er fährt gut mit der Regel: Ich darf am Tag vor dem Test noch bis zum Abendessen lernen, danach mache ich nichts mehr.

Am Prüfungstag: Ohren auf Durchzug schalten

Kennst du das? Kurz vor der Prüfung wuseln deine Klassenkameraden herum:

- „Hast du das gelernt?!"
- „Ou Mist – war das wichtig?"
- „Ich dachte, das müssen wir nicht können!"

Gehetzt blättern sie durch ihre Hefte und vergleichen, wer was gelernt hat. Macht dich das auch ganz verrückt? Wirst du dann erst recht nervös? Dann erspare dir und deinem Gehirn diesen Stress! Entferne dich lieber von den anderen, höre etwas Musik (wenn das in deiner Schule erlaubt ist) oder gehe kurz aufs Klo. Vielleicht vereinbarst du auch mit deiner Banknachbarin, dass ihr die Pause gemeinsam verbringt und dabei nicht über die Prüfung redet.

Eins nach dem anderen

„Lest am Anfang eines Tests erst alle Fragen durch. Fangt dann mit der leichtesten an." Diesen Tipp haben viele Lehrkräfte auf Lager. Er ist auch sinnvoll – aber nur, wenn dich das nicht aus der Ruhe bringt.

Manche Menschen geraten regelrecht in Panik, wenn sie sich zuerst alle Aufgaben ansehen. Beim Durchlesen fragen sie sich sofort: „Kann ich diese Aufgabe überhaupt?! O Gott, was muss ich da machen? Das fällt mir nachher bestimmt nicht ein." Sie glauben, dass sie es einer Aufgabe sofort ansehen, ob sie diese lösen können, und meinen, dass ihnen augenblicklich die richtige Lösung einfallen muss.

Aber dein Gehirn braucht etwas Zeit, um auf Touren zu kommen. Wenn du ihm gleich die volle Ladung hinknallst, kann es durcheinanderkommen. Noch schlimmer wird es, wenn du dann auch noch zwischen den Aufgaben hin und her hüpfst. Dann gibt es Stau auf deinen Gehirn-Autobahnen. Deinem Gehirn wird es einfach zu viel. Mit einem Blackout signalisiert es dir: „Mach mal langsam, hey. So kann sich ja kein Mensch konzentrieren!" Es verordnet dir eine „Zwangspause", damit du das Tempo herunterfährst.

Was kannst du tun, damit es erst gar nicht so weit kommt?

Verfüttere deinem Gehirn auch hier kleine Portionen! Nimm ein leeres weißes Blatt mit zur Prüfung. Sobald der Test vor dir liegt, legst du das Blatt über alle Prüfungsaufgaben. Decke nur eine einzelne Aufgabe auf, ohne die anderen anzuschauen. Lies die Aufgabe in Ruhe durch und nimm dir etwas Zeit, um zu überlegen. Zwinge dein Gehirn nicht, sofort einen Geistesblitz zu haben. Oft fällt einem die Lösung erst ein, wenn man sich genauer mit der Aufgabe befasst hat. Das gilt vor allem für Fächer wie Mathe, Chemie, Physik oder Biologie.

Erst wenn du nach zwei oder drei Minuten merkst, dass dir zu dieser Frage ganz sicher nichts einfällt, malst du ein Sternchen neben diese Aufgabe und deckst die nächste auf. Das Sternchen erinnert dich daran, am Ende nochmal zur ungelösten Aufgabe zurückzukommen.

Wenn der Blackout kommt

Du kannst also einige Dinge tun, damit Blackouts seltener vorkommen. Fassen wir zusammen: Du kannst

- die Prüfung clever vorbereiten, indem du gute Lernstrategien nutzt;
- dich im Vorfeld mit deinen Sorgen auseinandersetzen und dir hilfreichere Gedanken überlegen;
- vor dem Test, zum Beispiel beim Frühstück, all deine Befürchtungen und Ängste niederschreiben;
- am Prüfungstag keinen Stoff mehr anschauen;
- kurz vor dem Test nicht mit anderen darüber reden;

- die Aufgaben mit einem Blatt abdecken und eine nach der anderen bearbeiten, anstatt gleich zu Anfang alle Aufgaben zu lesen;
- dir sagen „Du hast Angst, das darf vorkommen. Lass dich dadurch nicht aufhalten. Mach einfach eins nach dem anderen und lasse dir Zeit."

Ganz selten passiert es, dass dein Gehirn während der Prüfung trotzdem eine kurze „Zwangspause" einlegt. Der Kopf ist plötzlich wie leergefegt, das Herz klopft wie verrückt. Das dauert meistens nicht länger als 5 Minuten. Es hilft dir, wenn du dich dann kurz um deine Angst kümmerst. So kannst du ein wenig runterkommen und dein Gehirn wieder einschalten:

1. Nimm dir kurz Zeit und drehe die Prüfung um.
2. Rutsche mit deinem Stuhl etwas zurück und strecke die Beine aus.
3. Schließe die Augen.
4. Lege beide Hände auf deinen Bauch.
5. Atme langsam aus und zähle dabei innerlich bis 10. Spüre, wie sich deine Bauchdecke langsam senkt.
6. Wenn du ausgeatmet hast, halte kurz die Luft an. Atme dann ein. Zähle wieder bis 10, während du langsam ausatmest. Wiederhole diesen Vorgang einige Male.
7. Atme ruhig weiter. Konzentriere dich ganz auf deine Atmung.

8. Wenn du dich etwas ruhiger fühlst, kannst du an der Prüfung weiterarbeiten.

Übe diesen Ablauf ein paar Mal, wenn du gerade nicht gestresst bist. Es handelt sich auch hierbei um ein Notfallprogramm, das ein wenig Training braucht, damit es dir in der Stresssituation weiterhilft.

Wichtig bei der Entspannungsatmung ist, dass du ganz langsam ausatmest.

Vielleicht denkst du: „Aber ich werde doch sowieso nicht rechtzeitig fertig – ich habe keine Zeit für die Entspannungsatmung!" Das ist ein Trugschluss. Während eines Blackouts fällt dir sowieso nichts ein. Es ist besser, sich kurz darum zu kümmern, dass dein Gehirn die Arbeit wieder aufnehmen kann, anstatt den Rest der Prüfung blockiert dazusitzen. Auch wenn du nicht mehr alles schaffst: Jede Aufgabe, die du noch löst, bringt dich weiter.

Wow!

Du bist am Ende dieses Buches angekommen. Hast du echt alles gelesen? Dann herzlichen Glückwunsch, wir sind beeindruckt. Wir hoffen, dass dir das Lesen Spaß gemacht hat und du einiges für dich mitnehmen konntest.

Natürlich wirst du nicht alle Tipps auf einmal umsetzen können. Das erwartet auch niemand. Fang einfach damit an, ein bis zwei Strategien auszuprobieren, die dir besonders gefallen haben. Wenn das klappt, kannst du das Buch wieder hervornehmen, ein paar neue Tricks auswählen und sie in Angriff nehmen.

Zum Abschluss möchten wir uns noch bei allen Jugendlichen bedanken, die uns als Testleser/innen unterstützt haben. Sie haben uns genau beschrieben, was sie an den einzelnen Kapiteln besonders spannend oder witzig fanden und an welchen Stellen sie vor Langeweile fast eingepennt sind. So konnten wir für dich nochmals einiges optimieren.

Ach ja, falls du wissen möchtest, ob Adi aus unserer Videoserie seine Abschlussprüfung geschafft hat, dann zieh dir auch den letzten Clip auf www.mein-clever-lernen.com noch rein.

Mach's gut!

Stefanie und Fabian

Die Autoren

Es ist üblich, dass sich die Autoren am Ende eines Buches kurz vorstellen. Damit dir nicht gleich das Gesicht einschläft, ersparen wir dir unsere beruflichen Stationen und all den anderen langweiligen Quark. Stattdessen gibt's einen „wunderschönen" Freundebuch-Eintrag extra für dich. Dafür ist man ja nie zu alt, oder?

Das bin ich: *Stefanie Rietzler*

So nennen mich meine Freunde: *Steffi, Smartie, Große, Schneewittli*

Größe: *1,80 m*

Sternzeichen: *Fisch*

Das mache ich besonders gerne: *Zeit mit meinen Lieblingsmenschen verbringen, Ballett, lesen, schreiben, baden, essen gehen*

Das ärgert mich: *die Erfindung von Socken, Leute, die gestellte Reise-Selfies mit „tiefgründigen" Bildunterschriften hochladen («Life is a journey» und so Quatsch), Hunger haben*

Meine besonderen Talente: *Sachen mit meinen Zehen aufheben/greifen, spontan Schlagerlieder über Leute dichten, die mich gerade nerven, im Liegen essen, schon beim Vorspann eines Films einschlafen*

Das kann ich überhaupt nicht: *zeichnen, mich in Städten orientieren, kratzige Klamotten tragen*

Das macht mich glücklich: *Zeit haben für Familie und Freunde, am Meer sein, Sonnenschein, in ein Ballett oder Musical gehen, handgeschriebene Post bekommen, Trampolin springen, mit meiner besten Freundin unter freiem Himmel zur Silent-Disco tanzen*

Ich kann nicht leben ohne: *Käse, Bücher, kuschlige Decken*

Das sagen meine Freunde über mich: *großes Herz, verlässlich, fürsorglich, am liebsten barfuß, Turbo-Leserin, Elefanten-verrückt, macht den besten Milchkaffee ever, „Du bist nicht du, wenn du hungrig bist" (was vor allem mein Mann und der Fabi ertragen müssen!)*

Das wollte ich als Kind werden: *Zirkuskind, Ballettlehrerin*

Mein Motto: *Am Ende wird alles gut. Wenn es nicht gut ist, ist es nicht das Ende. (Oscar Wilde)*

Lieblingsserie: *Anna Ballerina (dafür ist man nie zu alt!), Grace & Frankie*

Lieblingsbuch: *Harry-Potter-Reihe, Hectors Reise und die Suche nach dem Glück, House Rules*

Das bin ich: *Fabian Grolimund*

So nennen mich meine Freunde: *Fabi, Grölä*

Größe: *1,80 m*

Sternzeichen: *Skorpion*

Das mache ich besonders gerne: *lesen, gamen, Kino, gut essen gehen, im Café sitzen und schreiben, mit meinen Kindern zusammen sein*

Das ärgert mich: *Leute, die ihr Essen auf Insta stellen und Selfies machen*

Meine besonderen Talente: *Für sämtliche Schwachstellen von Leuten sofort fiese Sprüche finden (worunter Steffi besonders zu leiden hat), aus dem Stegreif Geschichten ausdenken (was besonders meine Kinder genießen)*

Das kann ich überhaupt nicht: *mich zu langweiligen Sachen zwingen, morgens früh aufstehen, ernst bleiben, wenn ich müde bin (nach müde kommt blöd – wie Steffi immer sagt)*

Das macht mich glücklich: *ein gutes Buch lesen (oder schreiben), ein Tag ohne Termine, meinen Gedanken nachhängen, The Witcher 3: Wild Hunt & Co. auf der PS4 zocken*

Ich kann nicht leben ohne: *Süßigkeiten, Cafés*

Das sagen meine Freunde über mich: *humorvoll, großzügig, hilfsbereit und immer zu dummen Sprüchen aufgelegt, „Fabi, Frontallappen einschalten!"*

Das wollte ich als Kind werden: *Zoodirektor*

Mein Motto: *Lass dich nicht unterkriegen, sei frech und wild und wunderbar. (Astrid Lindgren)*

Lieblingsserie: *Game of Thrones*

Lieblingsbuch: *Der Herr der Ringe*

Literatur

Abikoff, H., Courtney, M.E., Szeibel, P. J. & Koplewicz, H.S. (1996). The effects of auditory stimulation on the arithmetic performance of children with ADHD and nondisabled children. *Journal of Learning Disabilities*, *29* (3), 238–246. https://doi.org/10.1177/002221949602900302

Adam, H. & Galinsky, A.D. (2012). Enclothed cognition. *Journal of Experimental Social Psychology*, *48* (4), 918–925. https://doi.org/10.1016/j.jesp.2012.02.008

Archer, T. & Garcia, D. (2014). Physical exercise influences academic performance and well-being in children and adolescents. *International Journal of School and Cognitive Psychology*, *1* (1). https://doi.org/10.4172/2469-9837.1000e102

Aslaksen, K. & Lorås, H. (2018). The Modality-Specific Learning Style Hypothesis: A Mini-Review. *Frontiers in psychology*, *9*, 1538. https://doi.org/10.3389/fpsyg.2018.01538

Aslaksen, K. & Lorås, H. (2019). Matching instruction with modality-specific learning style: Effects on immediate recall and working memory performance. *Education Sciences*, *9* (1), 32. https://doi.org/10.3390/educsci9010032

Birkenbihl, V.F. (2013). *Stroh im Kopf?: Gehirn-Besitzer zum Gehirn-Benutzer.* Frankfurt am Main: Redline.

Brady, S.T., Hard, B.M. & Gross, J.J. (2018). Reappraising test anxiety increases academic performance of first-year college students. *Journal of Educational Psychology*, *110* (3), 395. https://doi.org/10.1037/edu0000219

Carey, B. (2015). *Neues Lernen: Warum Faulheit und Ablenkung dabei helfen.* Reinbek: Rowohlt.

Cassady, J.C. & Johnson, R.E. (2002). Cognitive test anxiety and academic performance. *Contemporary educational psychology*, *27* (2), 270–295. https://doi.org/10.1006/ceps.2001.1094

Chaker, S. & Hoyer, J. (2007). Erythrophobie: Störungswissen und Verhaltenstherapie. *Verhaltenstherapie*, *17* (3), 183–190. https://doi.org/10.1159/000105103

Clinton, V. & Meester, S. (2019). A comparison of two in-class anxiety reduction exercises before a final exam. *Teaching of Psychology*, *46* (1), 92–95. https://doi.org/10.1177/0098628318816182

Colcombe, S.J. & Kramer, A.F. (2003). Fitness effects on the cognitive function of older adults: a meta-analytic study. *Psychological Science*, *14,* 125–30. https://doi.org/10.1111/1467-9280.t01-1-01430

Cohen, S. (2004). Social relationships and health. *American Psychologist*, *59* (8), 676. https://doi.org/10.1037/0003-066X.59.8.676

Donnelly, J.E., Greene, J.L., Gibson, C.A., Smith, B. K., Washburn, R.A., Sullivan, D.K. et al. (2009). Physical Activity Across the Curriculum (PAAC): a randomized controlled trial to promote physical activity and diminish overweight and obesity in elementary school children. *Preventive Medicine*, *49* (4), 336–341. https://doi.org/10.1016/j.ypmed.2009.07.022

dpa. (2014, 18. August). Wilderei: Gier nach Elfenbein bedroht Afrikanische Elefanten. *Zeit Online*. Zugriff am 26. Januar 2018 unter http://www.zeit.de/wissen/umwelt/2014-08/wilderei-afrikanischer-elefant

Drummond, P.D., Back, K., Harrison, J., Helgadottir, F.D., Lange, B., Lee, C. et al. (2007). Blushing during social interactions in people with a fear of blushing. *Behaviour research and therapy*, *45* (7), 1601–1608. https://doi.org/10.1016/j.brat.2006.06.012

Dworak, M. & Wiater, A. (2014). Impact on excessive media exposure on sleep and memory in children and adolescents. *G PEO*, 99.

Euston, D.R., Tatsuno, M. & McNaughton, B.L. (2007). Fast-forward playback of recent memory sequences in prefrontal cortex during sleep. *Science*, *318* (5853), 1147–1150. https://doi.org/10.1126/science.1148979

Farina, N. (2020). *4 Michael Phelps Quotes to Keep You Motivated*. Verfügbar unter https://www.swimmingworldmagazine.com/news/4-michael-phelps-quotes-to-keep-you-motivated/

Feld, G.B. & Diekelmann, S. (2015). Sleep smart—optimizing sleep for declarative learning and memory. *Frontiers in psychology*, *6*, 622. https://doi.org/10.3389/fpsyg.2015.00622

Feldman, D. B. & Silvia, P.J. (2010). *Public Speaking for Psychologists: A Lighthearted Guide to Research Presentations, Job Talks, and Other Opportunities to Embarrass Yourself.* Washington: APA. https://doi.org/10.2307/j.ctv1chs54r

Ferris, L.T., Williams, J.S. & Shen, C.L. (2007). The effect of acute exercise on serum brain-derived neurotrophic factor levels and cognitive function. *Medicine and science in sports and exercise*, *39* (4), 728–734. https://doi.org/10.1249/mss.0b013e31802f04c7

Frattaroli, J., Thomas, M. & Lyubomirsky, S. (2011). Opening up in the classroom: Effects of expressive writing on graduate school entrance exam performance. *Emotion*, *11* (3), 691–696. https://doi.org/10.1037/a0022946

Frings, S. & Müller, F. (2014). *Biologie der Sinne: Vom Molekül zur Wahrnehmung.* Berlin, Heidelberg: Springer. https://doi.org/10.1007/978-3-8274-2273-6

Gluck, M.A., Mercado, E. & Myers, C.E. (2010). *Lernen und Gedächtnis: Vom Gehirn zum Verhalten.* Heidelberg: Spektrum Akademischer Verlag.

Goleman, D. (2014). *Konzentriert Euch!: Anleitung zum modernen Leben.* München: Piper.

Gottselig, J. M. Hofer-Tinguely, G., Borbély, A.A., Regel, S.J., Landolt, H.-P., Rétey, J.V. et al. (2004). Sleep and Rest Facilitate Auditory Learning. *Neuroscience*, *127*, 557–561. https://doi.org/10.1016/j.neuroscience.2004.05.053

Griffin, E.W., Mulally, S., Foley, C., Warmington, S.A., O'Mara, S.M. & Kelly, A.M. (2011). Aerobic exercise improves hippocampal function and increases BDNF in the serum of young adult males. *Physiology & Behavior*, *104* (5), 934–941. https://doi.org/10.1016/j.physbeh.2011.06.005

Härtling, S., Cooper, R., Uebele, C. & Dauer, S. (2013). Erröten – ein psychologisches Phänomen?: Überblick über den Forschungsstand [Blushing – A psychological phenomenon? A review]. *Report Psychologie*, *38* (2), 58–66.

Hallam, S., Price, J. & Katsarou, G. (2002). The effects of background music on primary school pupils' task performance. *Educational studies*, *28* (2), 111–122. https://doi.org/10.1080/03055690220124551

Hammelstein, A. (2013). *Lernwerkstatt Elefanten: Wissenswertes über die bedrohten Dickhäuter.* Kerpen-Buir: Kohl.

Hillman, C.H., Erickson, K.I. & Kramer, A.F. (2008). Be smart, exercise your heart: exercise effects on brain and cognition. *Nature Reviews Neuroscience*, *9* (1), 58–65. https://doi.org/10.1038/nrn2298

Hobson, J.A. & Pace-Schott, E.F. (2002). The cognitive neuroscience of sleep: neuronal systems, consciousness and learning. *Nature Reviews Neuroscience, 3,* 679–693. https://doi.org/10.1038/nrn915

Huang, T., Larsen, K.T., Ried-Larsen, M., Møller, N.C. & Andersen, L.B. (2013). The effects of physical activity and exercise on brain-derived neurotrophic factor in healthy humans: A review. *Scandinavian Journal of Medicine & Science in Sports, 24* (1), 1–10. https://doi.org/10.1111/sms.12069

Hüther, G. (2016). *Bedienungsanleitung für ein menschliches Gehirn.* Göttingen: Vandenhoeck & Ruprecht. https://doi.org/10.13109/9783666014642

Jamieson, J.P., Mendes, W. B., Blackstock, E. & Schmader, T. (2010). Turning the knots in your stomach into bows: Reappraising arousal improves performance on the GRE. *Journal of Experimental Social Psychology, 46* (1), 208–212. https://doi.org/10.1016/j.jesp.2009.08.015

Jamieson, J.P., Black, A.E., Pelaia, L.E., Gravelding, H., Gordils, J. & Reis, H.T. (2022). Reappraising stress arousal improves affective, neuroendocrine, and academic performance outcomes in community college classrooms. *Journal of Experimental Psychology: General, 151* (1), 197. https://doi.org/10.1037/xge0000893

Kalafatakis, F., Bekiaridis-Moschou, D., Gkioka, E. & Tsolaki, M. (2017). Mobile phone use for 5 minutes can cause significant memory impairment in humans. *Hellenic Journal of Nuclear Medicine, 20,* 146–154.

Keller, G. (2005). *Lern-Methodik-Training: Ein Übungsmanual für die Klassen 5–10* (2. Aufl.). Göttingen: Hogrefe.

Kindermann, H., Javor, A. & Reuter, M. (2016). Playing counter-strike versus running: The impact of leisure time activities and cortisol on intermediate-term memory in male students. *Cognitive Systems Research, 40,* 1–7. https://doi.org/10.1016/j.cogsys.2016.01.002

Kukolja, J., Thiel, C.M., Wolf, O.T. & Fink, G.R. (2008). Increased cortisol levels in cognitively challenging situations are beneficial in young but not older subjects. *Psychopharmacology, 201* (2), 293–304. https://doi.org/10.1007/s00213-008-1275-8

Kurt, F. (2014). *Von Elefanten und Menschen.* Bern: Haupt.

Lees, C. & Hopkins, J. (2013). Effect of aerobic exercise on cognition, academic achievement, and psychosocial function in children: A systematic review of randomized control trials. *Preventing Chronic Disease, 10* (174). https://doi.org/10.5888/pcd10.130010

Liebherr, M., Schubert, P., Antons, S., Montag, C. & Brand, M. (2020). Smartphones and attention, curse or blessing? A review on the effects of smartphone usage on attention, inhibition, and working memory. *Computers in Human Behavior Reports, 1,* 100005. https://doi.org/10.1016/j.chbr.2020.100005

Madjar, N., Gazoli, R., Manor, I. & Shoval, G. (2020). Contrasting effects of music on reading comprehension in preadolescents with and without ADHD. *Psychiatry Research, 291,* 113207. https://doi.org/10.1016/j.psychres.2020.113207

Martin-Moratinos, M., Bella-Fernández, M. & Blasco-Fontecilla, H. (2023). Effects of Music on Attention-Deficit/Hyperactivity Disorder (ADHD) and Potential Application in Serious Video Games: Systematic Review. *Journal of Medical Internet Research, 25,* e37742. https://doi.org/10.2196/37742

Moreau, D. & Chou, E. (2019). The Acute Effect of High-Intensity Exercise on Executive Function: A Meta-Analysis. *Perspectives on Psychological Science, 1,* 31.

Mühl, M. (2007, 13. August). Vier ist schüchtern und still. *Frankfurter Allgemeine Zeitung*. Zugriff am 26. Januar 2018 unter http://www.faz.net/aktuell/feuilleton/buecher/rezensionen/sachbuch/inselbegabte-vier-ist-schuechtern-und-still-1462508.html

Murayama, K., Pekrun, R., Lichtenfeld, S. & Vom Hofe, R. (2013). Predicting long-term growth in students' mathematics achievement: The unique contributions of motivation and cognitive strategies. *Child Development*, *84* (4), 1475–1490. https://doi.org/10.1111/cdev.12036

Park, D., Ramirez, G. & Beilock, S.L. (2014). The role of expressive writing in math anxiety. *Journal of Experimental Psychology: Applied*, *20* (2), 103. https://doi.org/10.1037/xap0000013

Pashler, H., McDaniel, M., Rohrer, D. & Bjork, R. (2008). Learning styles: Concepts and evidence. *Psychological Science in the Public Interest*, *9* (3), 105–119. https://doi.org/10.1111/j.1539-6053.2009.01038.x

Patzke, N., Olaleye, O., Haagensen, M., Hof, P.R., Ihunwo, A.O. & Manger, P.R. (2013). Organization and chemical neuroanatomy of the African elephant (Loxodonta africanus) hippocampus. *Brain Structure & Function*, *216*, 403–416. https://doi.org/10.1007/s00429-013-0587-6

Pauk, W. (2013). *How to study in college*. Boston: Houghton Mifflin.

Pontifex, M.B., Saliba, B. J., Raine, L.B., Picchietti, D.L. & Hillman, C.H. (2013). Exercise improves behavioral, neurocognitive, and scholastic performance in children with attention-deficit/hyperactivity disorder. *The Journal of Pediatrics*, *162* (3), 543–551. https://doi.org/10.1016/j.jpeds.2012.08.036

Ramirez, G. & Beilock, S.L. (2011/2014). Writing about testing worries boosts exam performance in the classroom. *Science*, *331* (6014), 211–213. https://doi.org/10.1126/science.1199427

Rasch, B. & Born, J. (2013). About sleep's role in memory. *Physiological Reviews*, *93* (2), 681–766. https://doi.org/10.1152/physrev.00032.2012

Rawlinson, G. (1976). *The Significance of Letter Position in Word Recognition*. PhD Thesis, Nottingham University.

Rogowsky, B.A., Calhoun, B.M. & Tallal, P. (2015). Matching learning style to instructional method: Effects on comprehension. *Journal of educational psychology*, *107* (1), 64. https://doi.org/10.1037/a0037478

Shen, L., Yang, L., Zhang, J. & Zhang, M. (2018). Benefits of expressive writing in reducing test anxiety: A randomized controlled trial in Chinese samples. *PLoS ONE*, *13* (2), 1–15. https://doi.org/10.1371/journal.pone.0191779

Shephard, R. J. (1996). Habitual physical activity and academic performance. *Nutrition Reviews*, *54* (2), 32–36. https://doi.org/10.1111/j.1753-4887.1996.tb03896.x

Shoshani, J., Kupsky, W. J. & Marchant, G.H. (2006). Elephant brain: Part I: Gross morphology, functions, comparative anatomy, and evolution. *Brain Research Bulletin*, *70* (2), 124–157. https://doi.org/10.1016/j.brainresbull.2006.03.016

Spitzer, M. (2007). *Lernen: Gehirnforschung und die Schule des Lebens*. Heidelberg: Spektrum Akademischer Verlag.

Spitzer, M. (2012). *Digitale Demenz: Wie wir uns und unsere Kinder um den Verstand bringen*. München: Droemer.

Steiner, V. (2014). *Sprachen lernen mit Power*. Zürich: Ringier Axel Springer.

Stickgold, R. & Walker, M.P. (2013). Sleep-dependent memory triage: evolving generalization through selective processing. *Nature Neuroscience*, *16* (2), 139–145. https://doi.org/10.1038/nn.3303

Stump, S. (2016, 19. August). Michael Phelps „hated the water" when he was a kid". *Today*. Verfügbar unter https://www.today.com/parents/michael-phelps-i-hated-water-when-i-was-kid-t102025

Verburgh, L., Königs, M., Scherder, E. J. & Oosterlaan, J. (2013). Physical exercise and executive functions in preadolescent children, adolescents and young adults: a meta-analysis. *British Journal of Sports Medicine*, *48* (12), 973–979. https://doi.org/10.1136/bjsports-2012-091441

Ward, J. (2019). *The Student's Guide to Cognitive Neuroscience.* London, New York: Psychology Press.

White, R.E., Prager, E.O., Schaefer, C., Kross, E., Duckworth, A.L. & Carlson, S.M. (2017). The „Batman Effect": Improving perseverance in young children. *Child Development*, *88* (5), 1563–1571. https://doi.org/10.1111/cdev.12695

Wilhelm, I., Diekelmann, S., Molzow, I., Ayoub, A., Mölle, M. & Born, J. (2011). Sleep selectively enhances memory expected to be of future relevance. *Journal of Neuroscience*, *31* (5), 1563–1569. https://doi.org/10.1523/JNEUROSCI.3575-10.2011

Williams, P. (2001). *How to be like Mike: Life lessons about Basketball's Best.* Deerfield Beach: Health Communications.

Winter, B., Breitenstein, C., Mooren, F.C., Voelker, K., Fobker, M., Lechtermann, A. et al. (2007). High impact running improves learning. *Neurobiology of Learning and Memory*, *87* (4), 597–609. https://doi.org/10.1016/j.nlm.2006.11.003

WWF. (2004). *Factsheet African Elephant*. Zugriff am 12. Januar 2024 unter https://www.wwf.de/themen-projekte/artenlexikon/afrikanischer-savannenelefant

WWF. (2004). *Factsheet Asian Elephant*. Zugriff am 12. Januar 2024 unter https://www.wwf.de/themen-projekte/artenlexikon/asiatischer-elefant

Yang, G., Lai, C.S., Cichon, J., Ma, L., Li, W. & Gan, W.B. (2014). Sleep promotes branch-specific formation of dendritic spines after learning. *Science*, *344* (6188), 1173–1178 https://doi.org/10.1126/science.1249098.